Sascha Stanicic

Anti-Sarrazin
Argumente gegen Rassismus, Islamfeindlichkeit und Kapitalismus

Impressum

Anti-Sarrazin
Argumente gegen Rassismus, Islamfeindlichkeit und Kapitalismus

ISBN 978-3-00-033237-1

1. Auflage, Januar 2011

Herausgegeben von der Sozialistische Alternative – SAV

Umschlaggestaltung: Kavita Graphics, Großbritannien, kavitagraphics.co.uk
Cartoon: Suzanne Muna, www.squashdonkey.co.uk
Foto: Claus Ludwig
Satz: Holger Dröge
Druck und Bindung: KDD Druckterminal, Nürnberg

Sozialistische Alternative – SAV
Littenstraße 106/107, 10179 Berlin
Telefon: (030) 24 72 38 02, Email: info@sav-online.de
www.sozialismus.info

Inhaltsverzeichnis

Einleitung

Die Auflage von Thilo Sarrazins Buch *„Deutschland schafft sich ab"* hat mittlerweile die Marke von einer Million Exemplaren überschritten. Seit den Vorveröffentlichungen seiner Thesen in BILD und Spiegel wird in der Bundesrepublik Deutschland über kein Thema so intensiv debattiert. Kaum ein Tag vergeht ohne Fernseh-Talkshows über den Integrationswillen oder -unwillen von MigrantInnen, das Verhältnis von Bildung und Intelligenz oder das vermeintliche Aussterben der Deutschen. Selten zuvor haben sich etablierte PolitikerInnen so deutlich zu einer Buchveröffentlichung zu Wort gemeldet. Die Geister scheiden sich an Sarrazins Thesen. Die meisten KommentatorInnen aus SPD, CDU/CSU, FDP und Grünen scheinen sich aber einig zu sein: es handele sich um eine notwendige Debatte und die bestehenden Probleme müssen angegangen werden.

Es stimmt, dass schwerwiegende Probleme angegangen werden müssen. Doch es sind andere Probleme, als die von Sarrazin konstruierten. Die Lebenssituation von Menschen mit und ohne Migrationshintergrund und insbesondere von Menschen ohne deutsche Staatsangehörigkeit muss diskutiert werden – die Armut, der Arbeitsdruck, die Diskriminierung, die Zukunftsängste. Diese bestehenden Probleme müssen angegangen werden!

Dieses Buch spricht die wirklichen Probleme an und macht Lösungsvorschläge, um die Lebenssituation der MigrantInnen und aller Menschen in diesem Land (mit Ausnahme der Superreichen, Großaktionäre und Kapitalisten) zu verbessern. Sarrazin spricht diese Themen nicht an, und die Umsetzung seiner Vorschläge würde für viele Millionen Menschen – Deutsche und Nichtdeutsche – eine drastische Verschlechterung der Lebenslage bedeuten.

Ablenkungsmanöver

Dabei geht es nicht nur um Rassismus. Zweifellos ist es Rassismus, wenn Sarrazin behauptet, TürkInnen und AraberInnen haben eine genetisch bedingt niedrigere Intelligenz als Menschen anderer Herkunft. Es ist zudem ein biologischer Rassismus, den seit dem Ende der Nazi-Diktatur kein Vertreter des bürgerlichen Establishments (und schon gar kein prominentes SPD-Mitglied) so offen und unzweideutig vertreten hat. Das ist gefährlich und muss bekämpft werden. Proteste gegen Sarrazins Buchvorstellungen sind deshalb nicht nur verständlich, sondern auch sinnvoll. Offenem biologischen Rassismus darf nicht unwidersprochen eine Plattform zugestanden werden.

Doch die meisten LeserInnen seines Buches und auch die meisten der Menschen, die Sarrazin gegen seine KritikerInnen verteidigen, würden den Vorwurf des Rassismus weit von sich weisen. Sie sind aber der Meinung, dass Sarrazin Recht hat, wenn er gesellschaftliche Probleme auf das Verhalten von MigrantInnen und die Wirkung des Islam zurück führt. Diesen Menschen darf man nicht mit dem Rassismus-Vorwurf die Diskussion verweigern. Denn darunter sind unsere Nachbarn, ArbeitskollegInnen, FreundInnen aus dem Sportverein. Wir sitzen neben ihnen im Kino, stehen gemeinsam in der Schlange bei ALDI und wir treffen sie sogar beim Streikposten oder auf der Demonstration gegen Stuttgart 21. Es sind Leute wie Du und ich, nebenbei bemerkt auch solche mit Migrationshintergrund, mit denselben Problemen, Ängsten und Nöten und denselben sozialen Interessen: einem angemessenen Lebensstandard, einer sauberen Umwelt, guten Löhne in menschenwürdigen und sicheren Arbeitsverhältnissen, einem friedlichen Zusammenleben. Sie glauben Sarrazin, dass Einwanderung oder gar die EinwandererInnen all das bedrohen. Dieses Buch soll zeigen, dass man damit einem bewussten Ablenkungsmanöver auf den Leim geht.

Ich werde nicht jede krude Behauptung Sarrazins widerlegen und nicht jeder Statistik auf den über 450 Seiten in seinem Buch, eine andere Statistik entgegen stellen oder ihr eine andere Interpretation geben. Dieses Buch soll die wichtigsten Thesen Sarrazins entkräften. Es erhebt nicht den Anspruch eine wissenschaftliche Abhandlung zu sein, sondern stellt eine politische Gegenargumentation dar, die sich auf wissenschaftliche Erkenntnisse stützt. Es soll aber auch eine alternative Antwort darauf geben, wie eine lebenswerte Zukunft möglich ist.

Wem nützt es?

Dabei stellt sich die Frage „Wem nützt es?". Wenn politische Forderungen aufgestellt werden, sollte man immer diese Frage stellen, denn Politik ist der Kampf zur Durchsetzung bestimmter Interessen. Jeder Leser und jede Leserin von Sarrazins Buch sollte sich fragen, ob er und sie eigentlich die selben sozialen Interessen hat, wie der Autor. Will man als ArbeitnehmerIn oder Erwerbsloser Veränderungen in Staat und Gesellschaft, wie sie auch ein privilegierter (Ex-)Bundesbankvorstand will? Wessen Interessen vertritt Sarrazin und was für Interessen hat man selber?

Deshalb wird in den ersten Kapiteln auf Sarrazins Bilanz als Berliner Finanzsenator und seine persönlichen Lebensumstände eingegangen und gezeigt, dass er eben nicht ein Bürger ist, wie Millionen andere, sondern zu einer kleinen Minderheit von Reichen und Mächtigen in der Bevölkerung gehört, die eigene Interessen vertritt und diese gnadenlos durchzusetzen versucht.

Deshalb geht es nicht nur um Rassismus. Auch in Sarrazins Buch geht es nicht nur um das Thema Migration. Seine Thesen dazu sind so etwas wie die ideologische Begleitmusik zu Sozialabbau und seinen Beleidigungen gegen Erwerbslose. Denn nicht nur die TürkInnen und AraberInnen sind in Sarrazins Welt genetisch bedingt dumm, die Armen sind es auch. Und deshalb sind sie in seiner Logik selber Schuld an ihrer Lage. Wem nützt ein solcher Gedanke? Doch nur denjenigen, die aus der Armut anderer ihren Reichtum ziehen.

Terminologie

Wir leben in einer Klassengesellschaft, in der die unterschiedlichen Klassen unüberbrückbare Interessengegensätze trennen. Ich bin Sozialist und vertrete eine marxistische Gesellschaftsanalyse und verwende deshalb marxistische Terminologie, spreche von Kapitalismus und Arbeiterklasse, weil diese Begriffe immer noch am klarsten beschreiben, in was für einer Welt wir leben. Der Begriff „Arbeiterklasse" bedarf jedoch einer Erläuterung, denn er wird vielfach in unzutreffender Art und Weise verwendet. Das Arbeitsrecht unterscheidet zwischen Arbeitern, Angestellten und Beamten. Für MarxistInnen gehören alle drei Gruppen zur Arbeiterklasse. Sie sind Lohn- und Gehaltsabhängige, die ihre Arbeitskraft verkaufen. Wenn in diesem Buch von Arbeiterklasse gesprochen wird, sind damit alle Lohn- und Gehaltsabhängigen (mit Ausnahme solcher, die wie Sarrazin über ein garantiertes Einkommen verfügen, dass sie hinsichtlich ihrer Lebenssituation und Interessenlage Unternehmern gleich stellt) gemeint, egal ob sie gerade einen Arbeitsplatz haben oder erwerbslos sind.

Das Thema Migration beinhaltet weitere terminologische Fallstricke. Früher wurde von „Ausländern" gesprochen. Dieser Begriff hatte immer schon eine diskriminierende Konnotation. Heute wird er kaum verwendet, weil er die Lebensrealität in einem Land, in dem ein großer Teil der EinwohnerInnen ohne deutschen Pass in Deutschland geboren wurde und andere aus „ausländischen" Familien die deutsche Staatsangehörigkeit haben, nicht erfasst. Heute wird von „MigrantInnen" und „Menschen mit Migrationshintergrund" gesprochen, manche Autoren haben auch den Begriff „Deutsch-Deutsche" eingeführt, um solche deutschen StaatsbürgerInnen zu bezeichnen, die keinen Migrationshintergrund haben. Um den Lesefluss nicht zu erschweren, spreche ich in der Regel von „Deutschen" im Sinne von „Deutsche ohne Migrationshintergrund" und von „MigrantInnen" ohne dabei in solche mit oder ohne deutschen Pass zu unterscheiden. Das ist für die Themenstellung dieses Buches ausreichend und hilft dem Lesefluss, muss aber mitgedacht werden.

Danksagung

Ein Buch ist selten das Werk einer Einzelperson. Ohne viele Diskussionen mit GenossInnen aus der Sozialistischen Alternative (SAV) und der Partei DIE LINKE und ohne viele kritische Anmerkungen, Ergänzungen und Ideen, wäre eine solche Arbeit unmöglich. Das bezieht sich nicht nur auf die Gespräche, die sich konkret um diesen Text drehten, sondern auf viele Jahre von Diskussionen, Debatten und vor allem auch Aktivitäten gegen Rechtsextremismus. Rassismus und Nationalismus.
Besonders danken möchte ich aber Claus Ludwig, Wolfram Klein, Holger Dröge, Lucy Redler und Gaetan Kayitare, die das Manu-

skript gelesen, wertvolle Kritik geäußert und mich auf Fehler hingewiesen haben, Christian Reichow für seine Hilfe bei der Recherche, Ianka Pigors und Stephanie Hanisch für wichtige Anregungen, Leonie Blume, Johannes von Simons und Lorenz Blume für die Endkorrektur. Besonderer Dank gilt auch Dennis Rudd von Kavita Graphics in London für die Gestaltung des Covers und Suzanne Muna für die Karikatur auf dem Buchtitel.

Für alle Fehler trage selbstverständlich ich alleine die Verantwortung.

Berlin, 18. Januar 2011
Sascha Stanicic

Was sagt Sarrazin?

Thilo Sarrazin sagt auf über 450 Seiten eigentlich reichlich wenig. Er verwendet einen großen Teil seines Buches dazu, durch die Verwendung von Statistiken und Zitaten den Eindruck von Wissenschaftlichkeit zu erwecken. Diesem Anspruch wird er nicht gerecht, denn bei ihm ist die Schlussfolgerung nicht Ergebnis der Analyse, sondern die Analyse wird der schon gefällten Schlussfolgerung angepasst. Das ist das Gegenteil von Wissenschaft. Wissenschaft ist erst einmal nur darum bemüht, Erkenntnisse zu erzielen durch die Untersuchung der vielen unterschiedlichen und widersprüchlichen Faktoren, die auf das zu untersuchende Phänomen einwirken und es ausmachen. Wissenschaftliche Methodik darf niemals eindimensional sein, sondern erfasst die Komplexität der Dinge. Sarrazins Denken ist eindimensional, nationalistisch, rassistisch und kapitalistisch. Es ist politisch, ideologisch und durch die materiellen Interessen der sozialen Schicht, der er angehört, angetrieben, nicht durch Erkenntnisdrang.

Sarrazins Buch strotzt vor dubiosen Statistiken, nicht belegten Zahlen und Behauptungen. Es steckt voller Fehler und wissenschaftlich nicht belegbarer Thesen. Das macht dem Autor offensichtlich nichts. In einem Gespräch mit der Süddeutschen Zeitung hat er zugegeben, dass er Zahlen erfunden hat. *„'Wenn man aber keine Zahl hat', erklärte Sarrazin dem Reporter (...), 'muss man eine schöpfen, die in die richtige Richtung weist, und wenn sie keiner widerlegen kann, dann setze ich mich mit meiner Schätzung durch'".*[1]

Klassenkampf von oben

Offensichtlich geht es Sarrazin nicht um Wahrheit oder Unwahrheit, auch nicht um eine differenzierte Debatte zu den von ihm angesprochenen Themen. Denn sein Buch ist eine politische Kampfschrift. Es ist ein Aufruf zum Sozialabbau, zu Lohndumping, zu rassistischer Diskriminierung. Implizit fordert Sarrazin außerdem zu einer an die Eugenik erinnernden Bevölkerungspolitik auf. Es ist eine Propagandaschrift für einen Klassenkampf von oben.

Die meistdiskutierten Grundaussagen Sarrazins sind folgende: Die niedrige Geburtenrate der deutschen Bevölkerung bei gleichzeitig höherer Geburtenrate der in Deutschland lebenden Muslime führe perspektivisch zu einer Übernahme Deutschlands durch Muslime. Dies gehe einher mit einer höheren Geburtenrate in der Unterschicht, deutsch wie migrantisch. Da Muslime und Unterschichtsdeutsche genetisch bedingt unterdurchschnittlich intelligent seien, konstatiert er eine Verdummung der deutschen Gesellschaft. Daraus leitet er Vorschläge für einen Stopp der Einwanderung so genannter Armutsflüchtlinge, insbesondere aus islamischen Ländern, ab und fordert stärkere Sanktionen bis hin zur Abschiebung von MigrantInnen, die er als integrationsunwillig definiert. Gleichzeitig soll der Staat Maßnahmen ergreifen, die es für die Unterschicht weniger attraktiv und für die Oberschicht reizvoller machen, Kinder in die Welt zu setzen.

Dem liegt der Gedanke zugrunde, dass die Menschen selbst für ihre Lebenssituation verantwortlich sind: Bist du arbeitslos und arm, trägst Du selbst dafür die Verantwortung, denn du bist zu dumm, zu faul und hast halt die falschen Erbanlagen. Die klugen und tüchtigen werden auch erfolgreich sein, denn Leistung lohnt sich. Sarrazins Buch ist Neoliberalismus pur. Dementsprechend sind seine politischen Aussagen und Forderungen eindeutig: Eine bessere finanzielle Ausstattung des Bildungswesens führt nicht zu besseren Ergebnissen und ist deshalb unnötig, Löhne sollen nicht steigen, Sozialleistungen gekürzt werden. Sarrazin fordert gar die Einführung von Zwangsarbeit für **alle** arbeitsfähigen Erwerbslosen ohne jeglichen Einkommensaufschlag. Weigert man sich, sollen Stütze und Krankenversicherung gestrichen werden.
Setzt Sarrazin sich mit seinen sozialpolitischen Vorschlägen durch, verblassen Hartz IV und Agenda 2010 angesichts des von ihm propagierten sozialen Kettensägemassakers.

Sarrazin – der Universalgelehrte?

Wie schon erwähnt, versucht Sarrazin sich als Universalkenner von Ökonomie, Politik, Geschichte und Naturwissenschaft zu präsentieren. Es misslingt ihm gründlich. Seine Welt ist ein so offensichtlich einseitig gemaltes Bild, dass man immer wieder nur den Kopf schütteln oder sich das Lachen nicht verkneifen kann.

Ein paar Kostproben: Sarrazin behauptet, wer von Transferleistungen lebt, zahlt keine Steuern[2] und lässt mal eben unter den Tisch fallen, dass indirekte Steuern wie die Mehrwert- und Tabaksteuer von allen bezahlt werden. Sarrazin behauptet, Deutschland habe die mit Abstand niedrigste Quote von Absolventen der MINT-Fächer (Mathematik, Informatik, Naturwissenschaft und Technik)[3] und hat selber wenige Seiten zuvor erklärt, dass die Quote in den USA niedriger liegt. Sarrazin behauptet, dass zu allen Zeiten die Gesellschaften geschichtet waren[4] und scheint keine Ahnung von den Erkenntnissen über die egalitären Gesellschaftsformationen der frühen Menschheitsgeschichte zu haben. Sarrazin behauptet, es sei genug Arbeit für alle da und erwähnt nicht einmal die Zahlen von im dritten Quartal 2010 zirka einer Million offenen Stellen und von offiziell drei, real über vier Millionen Erwerbslosen. Sarrazin behauptet, es sei nicht nachweisbar, ob Gastarbeiter einen Beitrag zum Wohlstand geleistet haben. Als ob die Millionen Gastarbeiter zu Zeiten der Vollbeschäftigung seit Ende der 1950er Jahre bis zu Beginn der 1970er Jahre in den Betrieben nur Däumchen gedreht und keine Werte geschaffen hätten. Sarrazin behauptet, so genannte „Ehrenmörder" (in diesem Fall Ayham Sürücü, der seine Schwester Hatun tötete) repräsentieren eine breite Meinungsrichtung unter Muslimen, ohne diese These durch auch nur eine Meinungsumfrage oder Statistik zu belegen oder den Begriff „breite Meinungsrichtung" zu definieren.[5]

An einer Stelle seines Buches macht er eine herrliche Rechnung auf. Er behauptet, dass Migrantenfamilien durch Transferleistungen häufig über 3.000 Euro Einkommen im Monat hätten. Als Bestätigung dieser Behauptung führt er die Aussage einer Neuköllner Schulleiterin an, die 654 SchülerInnen an ihrer Schule hat, wovon 80 Prozent migrantisch sind, von denen wiederum 80 Prozent aus sozial schwachen Familien kommen. Das macht 64 Prozent der SchülerInnen. An die Eltern dieser SchülerInnen werden nach Behauptung der Schulleiterin (woher diese das auch immer wissen will) monatlich 400.000 Euro an Sozialhilfe (hier ist sicher

Arbeitslosengeld II und Sozialgeld gemeint, A.d.A.) gezahlt.[6] Eine große Summe. Rechnet man nach, dann kommen dabei 954 Euro pro Familie heraus – weit weniger als die von Sarrazin behaupteten 3.000 Euro!

Das sind nur einige Beispiele für Sarrazins Methode unbewiesene Behauptungen aufzustellen und unzulässige Verallgemeinerungen anzustellen. Damit macht er dann Politik. Würde man diese Methode auf andere Phänomene anwenden, könnte man zum Beispiel folgende Thesen aufstellen: Frauen sollten unter gar keinen Umständen heterosexuelle Beziehungen eingehen oder gar heiraten, da der Großteil sexueller Übergriffe durch Männer in Beziehungen bzw. Ehen stattfinden. Eltern sind grundsätzlich gewalttätige Personen, da immer noch in vielen Familien Kinder geschlagen werden und dieses Verhalten eine breite Meinungsrichtung unter Eltern repräsentiert. Und Katholiken sind genetisch bedingte Kinderschänder...

„Deutschland, Deutschland über alles..."

Der Ausgangspunkt von Sarrazins Überlegungen lässt sich mit den Worten der ersten, von den Nazis als Teil der Nationalhymne genutzten, Strophe des Deutschlandlieds zusammen fassen: Deutschland, Deutschland über alles. Wie sonst sollte man folgendes Zitat interpretieren:

„Ich möchte aber, dass meine Nachfahren in 50 und auch in 100 Jahren noch in einem Deutschland leben, in dem die Verkehrssprache Deutsch ist und die Menschen sich als Deutsche fühlen, in einem Land, das seine kulturelle und geistige Leistungsfähigkeit bewahrt und weiterentwickelt hat, in einem Land, das eingebettet ist in einem Europa der Vaterländer. **Ich finde das – mit Verlaub – wichtiger als die Frage, ob der Wasserspiegel der Nordsee in den nächsten 100 Jahren um 10 oder 20 Zentimeter steigt."[7]**

Zum einen wird dieser von Charles de Gaulle geprägte Begriff des „Europas der Vaterländer" im heutigen Deutschland vor allem von der NPD propagiert und wird als klare nationalistische Abgrenzung zur so genannten europäischen Integration benutzt.

Vor allem aber sagt er damit, dass das Schicksal der ganzen Menschheit – denn nichts anderes wird durch die Klimakatastrophe bedroht – weniger wichtig ist, als die Erhaltung von dem, was Sarrazin „deutsch" nennt.Was das eigentlich sein soll, wird auch in diesem Buch behandelt.

Warum hat Sarrazin sein Buch geschrieben?

Es kommt nicht nur darauf an, was gesagt wird. Es kommt auch darauf an, wer es sagt. Die Person, die eine Meinung vertritt, drückt damit in der Regel nicht nur eine Meinung aus, sondern auch Interessen. Das gilt insbesondere in der Politik. Das ändert nichts am Wahrheitsgehalt von Aussagen. Ein (antikatholisches) Sprichwort sagt: *„Wenn der Papst sagt, der Schnee ist weiß, werde ich nicht sagen, er ist schwarz."* Deshalb muss man Sarrazins Äußerungen auf ihren Wahrheitsgehalt überprüfen. Es wird sich zeigen, dass dieser mehr als zweifelhaft ist. Warum er Lügen und Halbwahrheiten verbreitet, aber vor allem warum er seine Interpretationen der (richtigen und falschen) Statistiken vornimmt und seine Schlussfolgerungen zieht, ist nicht von seinen Interessen zu trennen und diese sind nicht von seiner Rolle in der Gesellschaft zu trennen.

Der 1945 geborene Sarrazin gehört zum kapitalistischen Establishment. Er kommt aus einer Arztfamilie und ging einen für Kinder des Kleinbürgertums typischen akademischen Weg übers Gymnasium zu einem akademischen Abschluss. Seit 1975 hat er als Mitglied der SPD verschiedene Funktionen im Bundesfinanzministerium bekleidet. Als die SPD-geführte Regierung 1982 durch die von Helmut Kohl als Bundeskanzler geführte CDU/CSU/FDP-Koalition abgelöst wurde, verlor Sarrazin nicht seinen Job, sondern diente den neuen Herren. Nach dem Sturz der stalinistischen Diktatur in der DDR wirkte er maßgeblich an der Ausarbeitung der so genannten „Wirtschafts-, Währungs- und Sozialunion" von BRD und DDR mit. Er ist ein Architekt der ökonomischen Seite der kapitalistischen Vereinigung der beiden deutschen Nachkriegsstaaten, sprich ein Verantwortlicher für das Schlucken der ostdeutschen Wirtschaft durch westdeutsche Konzerne und die millionenfache Arbeitslosigkeit, die die ArbeitnehmerInnen Ostdeutschlands seit 1990 getroffen hat. Er gehörte zu den Ministerialbeamten, die ihren Beitrag zur Durchsetzung des Neoliberalismus in der Bundesrepublik der 1980er und 1990er geleistet haben.

Der Finanzsenator

Zu bundesweiter Bekanntheit gelangte er nachdem er im Jahr 2002 im Berliner Senat von SPD und damaliger PDS zum Finanzsenator ernannt wurde. Das Amt hatte er bis 2009 inne und wechselte dann auf Vorschlag der Länder Berlin und Brandenburg in den Vorstand der Bundesbank.[8]

Im Jahr 2008 war er der Senator mit den meisten Nebentätigkeiten – 46 an der Zahl. Darunter waren die Aufsichtsräte der Berliner Verkehrsbetriebe, der Charité, der Investitionsbank Berlin und der Vivantes GmbH.[9] Die Aufsichtsratsbezüge liegen bei Vorständen von landeseigenen Betrieben bei 5.000 bis 10.000 Euro jährlich.[10] Man kann sich selbst ausrechnen, was für eine Summe da zusammen kommt. Wie jemand diese Nebentätigkeiten und einen Vollzeitjob (der ja auch nicht gerade schlecht bezahlt wird) verantwortlich ausfüllen will, ist unvorstellbar. Dass Sarrazin dann noch in seiner Freizeit dazu kommt, ein 450-Seiten-Buch zu schreiben, glaubt niemand. Offensichtlich hat er während seiner Arbeitszeit, und wahrscheinlich unter Einbeziehung seiner MitarbeiterInnen, sein Buch geschrieben, was ihn nun zum Millionär macht. Jeder andere Angestellte des öffentlichen Dienstes würde in einem solchen Fall abgemahnt oder seinen Job verlieren. Sarrazin hat stattdessen eine Sonderpensionsregelung erhalten. Gegen ihn wurde wegen des Verdachts der Untreue ermittelt, weil er dem Golf- und Landclub Berlin-Wannsee einen Golfplatz zu günstig vermittelt haben soll.[11] Das Verfahren wurde im November 2010 eingestellt. Im Jahr 2009 verdiente er als Bundesbankvorstand knapp 155.000 Euro.[12]

Sarrazin – ein Vertreter seiner Klasse

Sarrazin rühmt sich seiner Tätigkeit als Berliner Finanzsenator. Im Berliner Senat war er mitverantwortlich für Privatisierungen, Sozialabbau, Lohnkürzungen, Tarifbruch und Arbeitsplatzvernichtung. Er galt immer als Scharfmacher für die auf dem Rücken der Masse der Bevölkerung zu erreichende Haushaltskonsolidierung. In seinem Buch hat er die Dreistigkeit das soziale Elend, das er selbst mit zu verantworten hat, den Betroffenen anzulasten.

Sarrazin vertritt die Interessen seiner Klasse – des Bürgertums. Das sind die Leute, die große Mengen von Aktien besitzen, eigene Firmen haben und zu denen auch hochbezahlte Manager und Spitzenpolitiker gehören. Sein Buch ist im Interesse dieser Leute geschrieben, auch wenn sich einige seiner Klassenbrüder und -schwestern echauffieren. Auch der Zeitpunkt der Veröffentlichung ist kein Zufall: die Sarrazin-Debatte fällt in die Zeit des Sparpakets, der Neuregelung der Hartz IV-Regelsätze, der Gesundheitsreform.

Was ist die Wirkung des Buchs? Es wird in den (weitgehend im Besitz von Kapitalisten befindlichen) Massenmedien über Integrationsprobleme, vererbte Dummheit der Armen und MigrantInnen, angebliches Sozialschmarotzertum von Erwerbslosen und die Zerstörung der Gesellschaft durch eine sich ausbreitende Unterschicht gesprochen. Es wird nicht davon gesprochen, dass das Leben von Millionen durch Sparpaket, Gesundheitsreform, Sozialkürzungen, Rente ab 67 gerade von oben zerstört wird. Sarrazin und seinen Freunden bei der BILD-Zeitung und in den Parteien ist ein gigantisches Ablenkungsmanöver geglückt. Das ist der eine Zweck der Kampagne gegen angeblich integrationsunwillige Muslime. Der andere folgt einem alten Motto aller herrschenden Klassen in der Geschichte der Menschheit: teile und herrsche. Wenn der Werftarbeiter in Rostock, der seinen Arbeitsplatz verloren hat, die Friseurin in Berlin, die für weniger als fünf Euro Stundenlohn arbeiten muss, und der Arbeitslose in Bremerhaven, der vom Amt zum Ein-Euro-Job gezwungen wird, in ihren muslimischen Nachbarn, Arbeitskollegen oder Mit-Arbeitslosen in der Schlange vor dem Jobcenter nicht ihre Verbündeten, sondern Gegner sehen, dann wird es den Kapitalisten und Regierenden sehr viel leichter fallen, die Löhne weiter zu drücken, noch mehr Arbeitsplätze abzubauen und Sozialleistungen weiter zu kürzen. Wenn den deutschen ArbeiterInnen und Erwerbslosen erfolgreich eingetrichtert wird, dass sie mit den Bossen von Siemens und Daimler gemeinsame „deutsche" Interessen haben, dann wird es für eben diese Bosse einfacher sein, weiter Lohnverzicht durchzusetzen und dadurch ihre Profite zu steigern. Das ist der grundlegende Zweck von Nationalismus und von Rassismus: zu verschleiern, dass die wesentliche Trennlinie in der kapitalistischen Gesellschaft – und damit auch in der Bundesrepublik Deutschland - zwischen den Klassen, zwischen oben und unten verläuft und nicht zwischen Menschen unterschiedlicher Nationalität, Herkunft, Hautfarbe oder Religion.

Deshalb ist es kein Zufall, dass Sarrazin nicht nur die in Deutschland lebenden Muslime zu Verantwortlichen für gesellschaftliche Probleme erklärt und eine drastische Einschränkung der Einwanderung aus muslimischen Ländern fordert, sondern auch offen gegen Arme und Erwerbslose hetzt, Sozialabbau und Lohndumping propagiert und die Verantwortung für Arbeitslosigkeit den Arbeitslosen selbst zuschreibt. Nationalismus und Rassismus gehen mit Sozialabbau und arbeiterfeindlicher Politik Hand in Hand. Sie sind zwei Seiten der selben Medaille.

Die Sarrazin-Debatte:
Tabubruch oder Kampagne?

Betrachtet man die Debatte über das Sarrazin-Buch, so fällt erstens auf, dass kaum über den gesamten Inhalt des Buchs gesprochen wird. Mit einer von BILD und anderen Medien organisierten Kampagne wurden die Verkaufszahlen von *„Deutschland schafft sich ab"* hoch getrieben, aber es wird nahezu ausschließlich über das Thema Integration von Muslimen in Deutschland debattiert. Das ist nur ein Thema des Thilo Sarrazin. Seine Auslassungen zu Armut und Erwerbslosigkeit werden öffentlich kaum diskutiert. Wahrscheinlich, weil dann klar würde, dass sich hier nicht einer zu Wort gemeldet hat, der gegen den kapitalistischen Mainstream schwimmt, sondern ein Vertreter des Establishments, der knallharte neoliberale und prokapitalistische Thesen vertritt.

Tabubruch?

Die Debatte zum Thema Integration und Muslime wird von einem Mythos überlagert: dem angeblichen Tabubruch, den Sarrazin begangen haben soll. Diesen bemüht er selbst, wenn er seinem Buch folgendes Zitat des Gründers der ersten Arbeiterpartei in Deutschland, Ferdinand Lassalle, voranstellt: *„Alle politische Kleingeisterei besteht in dem Verschweigen und Bemänteln dessen, was ist."*[3]

Da Sarrazin sich für einen großen Geist hält, spricht er also aus, was ist. Und tatsächlich sagen auch seine KritikerInnen aus dem bürgerlichen Lager, er habe eine *„notwendige Debatte angestoßen"* und erwecken den Eindruck, bis zur Veröffentlichung seiner Kampfschrift sei das Thema Integration und Islam unter den Teppich gekehrt oder zumindest nicht offen debattiert worden. Sogar die Meinungsfreiheit wird bemüht und BILD titelt *„Das wird man doch wohl noch sagen dürfen"*, um dann eine Reihe diskriminierender und rassistischer Aussagen zu veröffentlichen, wie zum Beispiel: *„Zu viele junge Ausländer sind kriminell"* (als ob es in irgendeiner Bevölkerungsgruppe eine Kriminalitätsrate gäbe, die nicht zu hoch ist),

„*Ausländer, die sich nicht an unsere Gesetze halten, haben hier nichts zu suchen*" (also raus mit mit nichtdeutschen Ladendieben und Schwarzfahrern!) oder „*Ich will mich nicht dafür entschuldigen müssen, ein Deutscher zu sein*" (also ob solche Situationen tatsächlich in nennenswerter Zahl vorkommen würden) .

Sarrazin hat weder ein Tabu gebrochen, noch ist seine Meinungsfreiheit bedroht. Im Gegenteil: das Thema Integration und Muslime wird seit Jahren immer wieder von rechten Politikern und Medien aufgekocht, nicht zuletzt von Sarrazin selbst. Im Jahr 2009 sorgte sein Interview im Lettre International für Schlagzeilen, in dem er unter anderem sagte, er müsse „*niemanden anerkennen, der vom Staat lebt, diesen Staat ablehnt, für die Ausbildung seiner Kinder nicht vernünftig sorgt und ständig neue kleine Kopftuchmädchen produziert. Das gilt für siebzig Prozent der türkischen und für neunzig Prozent der arabischen Bevölkerung in Berlin.*"[14]

Auch Aussagen wie „*Eine große Zahl an Arabern und Türken in dieser Stadt (...) hat keine produktive Funktion außer für den Obst- und Gemüsehandel*", waren vor der Buchveröffentlichung bekannt.[15]

Sarrazin hat eine schon über einen langen Zeitraum angeheizte Debatte auf die Spitze getrieben. Wenn nicht schon seit Jahren eine Meinungsmache durch BILD, rechte Politiker und rechtsradikale Kräfte stattgefunden hätte, dann wäre die Unterstützung für Sarrazin in der Öffentlichkeit auch kaum so groß ausgefallen. Der Boden für sein Machwerk war bereitet. Aber offensichtlich geht die Debatte einflussreichen Kräften in diesem Land noch nicht weit genug. Sie wollen weitere praktische Konsequenzen gegen MigrantInnen und Erwerbslose durchsetzen.

Die Meinungsfreiheit ist in Deutschland tatsächlich eingeschränkt, aber nicht für Sarrazin und seine Unterstützer. Paul Sethe, einer der damaligen Herausgeber der Frankfurter Allgemeinen Zeitung, schrieb 1965: „*Pressefreiheit ist die Freiheit von zweihundert reichen Leuten, ihre Meinung zu verbreiten.*"[16]

Wie kann man davon sprechen, Meinungsfreiheit sei eingeschränkt, wenn die größten und einflussreichsten Printmedien des Landes – BILD und Spiegel – Auszüge aus dem Sarrazin-Buch vorab drucken und dieses in einem renommierten Verlag veröffentlicht wird.

Tatsächlich gibt es aus bürgerlichen Kreisen auch zu neunzig Prozent der Sarrazinschen Aussagen gar keine Empörung. Im Gegenteil, diese werden als richtig oder zumindest als notwendige Diskussionsanregungen betrachtet.

Eine heftige Reaktion gab es erst nachdem Sarrazin in einem Zeitungsinterview mit der Welt am Sonntag nachgelegt hatte: *„Alle Juden teilen ein bestimmtes Gen, Basken haben bestimmte Gene, die sie von anderen unterscheiden."*

Dies ging dann doch auch der Mehrheit der etablierten Politiker und der Bundesbank-Führung zu weit. Sarrazins Versuch, seine Aussage zu relativieren war „too little too late" und machte die Sache auch nicht wirklich besser, schließlich nahm er den Inhalt der Aussage nicht zurück.[17]

Biologischer Rassismus

Mit seinen Aussagen zur Vererbung von Intelligenz hat Sarrazin einen biologischen Rassismus propagiert, der in Deutschland seit dem Ende des Nazi-Regimes nur von den rechtsextremistischen „Rändern" vertreten wurde. Das ist der tatsächliche und einzige Tabubruch des Ex-Bundesbänkers, denn weil er zum Establishment dieses Staates gehört, macht er einen biologischen Rassismus im Land der industriellen Judenvernichtung wieder hoffähig. Das geht den klügeren VertreterInnen der Kapitalistenklasse zu weit, weil es nicht ihren politischen und wirtschaftlichen Interessen im 21. Jahrhundert entspricht. Deutschland ist wie kaum ein anderes Land vom Welthandel abhängig. Die Exporte machten im Jahr 2009 40,8 Prozent des Bruttoinlandsprodukts aus. Wenn sich ein Politiker nach dem anderen darüber Sorgen gemacht hat, dass Sarrazin dem Ruf der Bundesbank schaden könnte, meinten sie in Wirklichkeit „den wirtschaftlichen Interessen der Exportindustrie". Denn auch wenn es größere Handelspartner gibt, sind die Türkei, der Iran und andere mehrheitlich von Muslimen bewohnte Länder nicht ganz unwichtig für die Profite des deutschen Kapitals. Und außerdem kann der Eindruck, in Deutschland würde das Anknüpfen an Nazi-Traditionen stillschweigend akzeptiert auch in anderen Ländern, wie Israel und den USA, zu Handelseinbußen und politischen Konflikten führen.

Ein zweiter Grund ist sicher, dass die klügeren VertreterInnen der Kapitalistenklasse verstehen, dass „teile und herrsche" auch aus ihrer Interessenlage heraus gewisse Grenzen einhalten sollte, um die bundesrepublikanische Gesellschaft nicht zu destabilisieren. Natürlich gilt hier, dass man nicht schwimmen gehen kann, ohne nass zu werden. Aber die Regierung setzt darauf, einen neuen Nationalismus zu verbreiten, der die migrantischen Mittelschichten einbezieht. Deshalb wurde auch das Staatsangehörigkeitsrecht verändert und die deutsche Staatsbürgerschaft steht nun auch Kindern nichtdeutscher Eltern zu, die in Deutschland geboren wurden, wenn ein Elternteil seit mindestens acht Jahren hier lebt und eine unbefristete Aufenthaltsgenehmigung hat.
Wenn aber pauschal alle Muslime als genetisch minderwertig bezeichnet werden, verhindert das eine Identifikation migrantischer Mittelschichten aus muslimischen Ländern mit dem deutschen Staat. Deshalb wurde in den letzten Jahren von staatlicher Seite eher ein sozialer Rassismus propagiert, der den Gedanken vertritt, zwischen MigrantInnen zu unterscheiden, die der deutschen Wirtschaft nützlich sind und solchen, die die Sozialsysteme „belasten". Schließlich gibt es in der Wirtschaft auch einen gewissen Bedarf nach Fachkräften aus dem Ausland. Letztlich vertritt Sarrazin tatsächlich vor allem auch diese Haltung, gepaart mit einem kulturalistischen Rassismus, der den Islam pauschal angreift. In seinem Eifer ist er nun aber aus Sicht der Mächtigen einen Schritt zu weit gegangen.

Drittens haben vor allem die Parteien kein Interesse an der Entstehung einer rechtspopulistischen Partei, wie es sie in vielen anderen europäischen Ländern gibt. Während manche VertreterInnen des Bürgertums eine solche Partei für nötig oder zumindest für das kleinere Übel halten, um eine politische Radikalisierung nach links zu bremsen und um durch eine Vertiefung der rassistischen Spaltung Angriffe auf die Arbeiterklasse leichter durchsetzen zu können, sehen die Merkels und Gabriels darin vor allem eine Bedrohung ihrer eigenen Machtpositionen.

Sarrazin als Rammbock der Ausländerpolitik

Gleichzeitig nutzen die etablierten Parteien Sarrazin als einen Rammbock, um Verschärfungen im Einwanderungsrecht und einen weiteren Ausbau des „starken Staats" vorzubereiten. Nur so sind die Äußerungen quer durch alle Parteien zu verstehen. So sagte der Verteidigungsminister Guttenberg:

„Dass wir Missstände haben, ist unbestritten." Er zeigte sich überrascht, *„wie wenige Menschen in unserem Land bereit sind, sich mit den Inhalten von Herrn Sarrazin auseinanderzusetzen."*[18]

Der bayerische Ministerpräsident Horst Seehofer sprach sich gegen weitere Zuwanderung aus islamischen Ländern aus und unterstützte damit direkt eine der Hauptforderungen Sarrazins.[19]

Besonders perfide geht hier Sigmar Gabriel vor, der einerseits den Parteiausschluss von Sarrazin voran treibt und an manchen Stellen sehr richtige Kritik geäußert hat. Andererseits treibt er das Sarrazinsche Ablenkungsmanöver mit voran, wenn er fordert, dass „integrationsunwillige" MigrantInnen abgeschoben werden sollen.

und was ist mit migrationsunwilligen
SPD *Deutschen.*

Auch hier zeigt sich, dass die SPD keine Arbeiterpartei mehr ist, auch wenn sie gerade versucht, sich wieder etwas mehr als soziale Opposition und Vertretung der einfachen Leute zu profilieren.

Nebenbei bemerkt steht Sarrazin mit seinen Äußerungen in einer unschönen Tradition der SPD seit ihrem Verrat am Internationalismus und Sozialismus durch die Zustimmung zu den Kriegskrediten im August 1914. Während sich die Partei in den Jahren vor 1914 nicht zuletzt dadurch ausgezeichnet hatte, dass sie einen erbitterten Kampf gegen Rassismus und Antisemitismus geführt und einen entscheidenden Beitrag dazu geleistet hatte, dass der Antisemitismus in der deutschen Arbeiterklasse in diesem Zeitraum keine große Verbreitung finden konnte, hat sie auch eine Tradition pro-kolonialistischer und rassistischer Positionen.

Vor 1914 war der pro-kapitalistische Flügel in der SPD, der auch den Kolonialismus rechtfertigte, noch in der Minderheit. Aber ihr prominentester Vertreter Eduard Bernstein konnte schon 1899 folgendes schreiben ohne aus der Partei geworfen zu werden: Es *„kann nur ein bedingtes Recht der Wilden auf den von ihnen besetzten Boden anerkannt werden. Die höhere Kultur hat hier im äußersten Falle auch das höhere Recht."*

Mit dieser Legitimation töteten deutsche Soldaten 85.000 Hereros im heutigen Namibia, achtzig Prozent der Volksgruppe, die bis heute dafür keine Entschädigung erhalten haben. In den 1920er Jahren vertrat ein sozialdemokratischer Reichstagsabgeordneter namens Alfred Grotjahn Positionen, die Sarrazin nun wieder aufgreift. Dieser trat unter anderem für die *„planmäßige Ausmerzung durch Verwahrung und Zwangsunfruchtbarmachung"* von Menschen ein, die nach seinem Verständnis minderwertige genetische Anlagen hatten und war Mitglied der *„Gesellschaft für Rassehygiene"*.[20]

Islamfeindliche Kampagnen

Wieso aber erhält Sarrazin offensichtlich eine große Unterstützung in Teilen der Bevölkerung? Bei einer Emnid-Umfrage im Oktober 2009 stimmten 51 Prozent der Befragten der Sarrazin-These zu, der Großteil der Türken und Araber sei nicht integrationswillig und -fähig.[21]

Sarrazin ist ein Rassist, aber nicht alle Menschen, die ihn in den letzten Wochen verteidigt haben beziehungsweise denken, er spreche „unbequeme Wahrheiten" aus, sind Rassisten. Die Unterstützung für Sarrazin, wie für rechtspopulistische Parteien in anderen Ländern oder auch die Wahlerfolge von NPD und DVU in der Vergangenheit in Deutschland, drücken vor allem Ängste und Unsicherheit in Teilen der Bevölkerung über ihre soziale Lage und ihre Zukunftsaussichten aus. Sie sind auch eine Reaktion auf reale Prozesse, wie eine zunehmende Verelendung in den Armenvierteln der Republik und eine wachsende Entfremdung von der Gesellschaft in den Teilen der Bevölkerung, die „ganz unten" sind. Beides führt zu Konflikten, auch zwischen Deutschen und MigrantInnen. Hinzu kommt auch das Wachstum des Bevölkerungsanteils von Muslimen und der Religiosität in Teilen dieser.

Das geht einher mit einer seit dem 11. September 2001 weltweit von Politikern und Medien propagierten Angstmache vor islamischem Terrorismus, die alle Muslime unter einen Generalverdacht gestellt hat. Diese propagierte Islamfeindlichkeit ist die ideologische Legitimation der ökonomisch und machtpolitisch motivierten Feldzüge der USA und ihrer imperialistischen Verbündeten gegen Afghanistan und den Irak, der Isolierung des Iran und der Unterdrückung der palästinensischen Bevölkerung. Diese Entwicklung hat sowohl Muslime in die Arme von Islamisten getrieben, als auch die Ablehnung von Muslimen durch die Mehrheitsbevölkerung in Europa und den USA wachsen lassen, was wiederum zu Ausgrenzung und unter manchen Muslimen auch Selbstisolation geführt hat. Diese Fragen werden in anderen Kapiteln behandelt, an dieser Stelle soll nur betont werden, dass die Vorurteile, auf die Sarrazin sich stützen kann und die in den Sympathieäußerungen für ihn zum Ausdruck kommen, erstens bewusst geschürt wurden und zweitens vor allem Ausdruck sozialer Probleme sind.

Deshalb soll dieses Buch ein Beitrag sein, auf die tieferen Ursachen von Rassismus und Islamfeindlichkeit hinzuweisen, Fakten und Argumente dagegen zu liefern, aber auch Antworten auf die berechtigten und unberechtigten Fragen der vielen Menschen zu geben, die einfach Angst um ihre Zukunft haben. Die wenigsten Sarrazin-SympathisantInnen sind unverbesserliche Rassisten oder gar Nazis. Die Mehrheit kann und muss mit Argumenten überzeugt werden. Das ist nur möglich, wenn Antworten formuliert werden, die soziale Probleme wie Erwerbslosigkeit und Armut lösen, die Krise des Bildungssystems beheben, die Rechte der Frauen und die Religionsfreiheit durchsetzen können. Dieses Buch soll aufzeigen, dass der Aufbau einer sozialistischen und internationalistischen Linken, der Wiederaufbau der Arbeiterbewegung, nötig ist, um sowohl Rassismus und Islamfeindlichkeit, als auch den reaktionären islamischen Fundamentalismus zurückzudrängen. Das wäre die Aufgabe der Gewerkschaften und der Partei DIE LINKE.

Gewerkschaften

Die Gewerkschaften haben in der Sarrazin-Debatte bisher wenig agiert. Abgesehen davon, dass das einzige SPD-Vorstandsmitglied, das nicht für das Parteiausschlussverfahren gestimmt hat, der Gewerkschafter Dietmar Hexel war, der auch im DGB-Bundesvorstand ist, geht die Reaktion der Gewerkschaftsspitzen nicht über eine minimale Distanzierung und Verurteilung von Sarrazins Thesen hinaus. Auf den Webseiten der Einzelgewerkschaften findet man wenig Einträge und nur kurze und inhaltlich relativ schwache Gegenargumentationen.

Die Gewerkschaftsspitzen scheinen diesen ideologischen Angriff Sarrazins nicht als das zu verstehen, was er ist: Einen Angriff auf die gesamte Arbeiterklasse und ihre Gewerkschaften in Deutschland. Mehr noch: Ihre schwache Reaktion drückt aus, dass sie in ihrer Mehrheit einem Standort-Nationalismus verhaftet sind, der Anknüpfungspunkte für migrantenfeindliche Positionen bietet. Wenn man sich auf die Konkurrenzlogik zwischen Unternehmen und Volkswirtschaften einlässt, ist der Schritt diese Konkurrenz auch auf Arbeitskräfte aus unterschiedlichen Ländern auszudehnen, nicht weit.

Die Reaktion der Gewerkschaften hätte sein sollen, sofort eine Aufklärungskampagne gegen Sarrazins Thesen zu starten. Mit Flugblättern in den Betrieben, Briefen an die Mitglieder, Artikeln in den Gewerkschaftszeitungen, Diskussion des Themas auf Funktionärstreffen und Mitgliederversammlungen und öffentlichen Veranstaltungen können die Gewerkschaften mit ihren über sechs Millionen Mitgliedern und materiellen Ressourcen eine Gegenöffentlichkeit zu BILD und anderen kapitalistischen Mainstreammedien schaffen und die Meinungsbildung in der arbeitenden Bevölkerung beeinflussen.

Sie sollten, anknüpfend an die existierende Kampagne „Mach meinen Kumpel nicht an" (www.gelbehand.de), in den Mittelpunkt ihrer Argumentation stellen, dass der gemeinsame Kampf von ArbeitnehmerInnen und Erwerbslosen aller Nationalitäten, Religionen und Hautfarben nötig ist, um die kapitalistische Offensive zurückzuschlagen und die Interessen hinter Sarrazins Rassismus aufdecken. Dann könnte die Sarrazin-Debatte dazu genutzt werden, muslimenfeindliche Vorurteile in Teilen der Bevölkerung erfolgreich zurückzudrängen.

DIE LINKE

DIE LINKE hat sich eindeutig und in jeder Hinsicht unmissverständlich von Sarrazin und seinen Aussagen distanziert. Der geschäftsführende Vorstand der Partei DIE LINKE hat am 30. August eine inhaltlich in weiten Teilen gute Erklärung beschlossen.

In dieser heißt es unter anderem:

„Arbeitslosigkeit, Armut und das Entstehen, bzw. das Vergrößern von „Unterschichten" sind nicht das Ergebnis „fehlender Intelligenz", Zuwanderung oder genetischer Unzulänglichkeiten. Sie sind Folge der Unfähigkeit des Marktes, die Bedürfnisse aller Menschen zu befriedigen, und des Unwillens der Politik, im Interesse der Bevölkerung in den Markt einzugreifen."

Und:

„Wir stellen außerdem fest, dass es der Mehrheit der Menschen in diesem Land, unabhängig von ihrer Herkunft, Religionszugehörigkeit, Hautfarbe, ihrer sexuellen Orientierung oder ihrem Geschlecht, nur besser gehen wird, wenn wir Spaltungen überwinden und uns gemeinsam und solidarisch für eine gerechte Verteilung des Reichtums in Deutschland einsetzen. Der einzige wirkliche Gegensatz in diesem Land besteht zwischen Oben und Unten."[22]

Das Problem ist nur, dass der Inhalt und Geist dieser Erklärung zu wenig Eingang in die öffentliche Reaktion der Parteiführung auf die Sarrazin-Debatte gefunden hat. Diese Erklärung ist auf der Webseite der Partei nur schwer zu finden. Gibt man dort das Stichwort „Sarrazin" ein, so gelangt man zu den Presseerklärungen der Parteiführung, in denen vor allem staatstragende Äußerungen zu finden sind. Immer wieder wird in diesen Erklärungen kritisiert, dass Sarrazin dem Ansehen der Bundesbank und der Bundesrepublik schadet.[23]

Als ob das das Hauptproblem wäre. Dem „Ansehen der Bundesrepublik" schadet der Bundeswehreinsatz in Afghanistan, die diskriminierende Ausländergesetzgebung, der Sozialabbau, Guido Westerwelle und das Verhalten deutscher Konzerne in der so genannten Dritten Welt – jedenfalls dem „Ansehen" bei den einfachen Menschen, nicht bei den Wirtschaftsbossen und Regierungschefs.Und wer ist eigentlich diese Bundesrepublik? Die Millionen einfachen Menschen oder die bürgerlichen Eliten, Kapitalisten und Regierenden? Dieser Staat jedenfalls wird von einer Klasse geführt, die Politik gegen die Interessen der Mehrheit der Bevölkerung durchsetzt. Wessen Ansehen wird also geschadet?

Dass die Partei DIE LINKE sich solche Sorgen um das Ansehen der Bundesrepublik macht, ist Ausdruck der Tatsache, dass wesentliche Teile ihrer Führung den Kampf für eine Ersetzung des kapitalistischen Staates durch eine sozialistische Demokratie durch den Willen, in diesem Staat von den führenden und dominierenden Kreisen akzeptiert zu werden und ihre Regierungsfähigkeit zur Verwaltung des Kapitalismus zu demonstrieren, ersetzt hat.

Dieser Wille ging in Berlin so weit, dass die dortige LINKE jahrelang zusammen mit einem Finanzsenator Sarrazin regiert hat und auch nach seinen höhnischsten Äußerungen gegen Erwerbslose nicht einmal seinen Rücktritt durchgesetzt hat. Man fragt sich, wie die LINKE-SenatorInnen jahrelang mit diesem Rassisten an einem Senatstisch sitzen konnten ohne seine Entfernung zur Bedingung für die Fortsetzung der Koalition zu machen. Das ist dann wahrscheinlich „Realpolitik".

Der geschäftsführende Parteivorstand hat nun eine kleine Argumentationsbroschüre gegen Sarrazin veröffentlicht. Das ist gut und wichtig, sollte aber mit einer öffentlichen Argumentationskampagne durch Massenflugblätter, Plakate, Aktionen in den Nachbarschaften und öffentliche Veranstaltungen gekoppelt werden, die die Gegenargumente tatsächlich an die Bevölkerung bringt und den Kampf um die Köpfe führt. Der beste Beitrag zum Antirassismus wäre es aber, wenn die Partei ihren Schwerpunkt darauf legen würde in den Nachbarschaften und Betrieben den gemeinsamen außerparlamentarischen Widerstand von Deutschen und MigrantInnen voran zu treiben und aufhören würde, in Landesregierungen Abschiebungen und andere migrantenfeindliche Maßnahmen zu exekutieren.

Wirkung der Debatte

Die Sarrazin-Debatte hat zweifellos die Lebenssituation für MigrantInnen, insbesondere für Muslime, erschwert. Sie stehen unter größerer Beobachtung und größerem Druck. Die bürgerlichen Parteien versuchen ihre Ausländerpolitik weiter zu verschärfen und werden so zu Erfüllungsgehilfen von Thilo Sarrazin.

Migration und Integration
– Schafft sich Deutschland ab?

Sarrazin malt in seinem Buch ein Schreckensszenario. Das fängt mit dem Titel an: *„Deutschland schafft sich ab"*. Es ist zwar völlig unklar, was damit gemeint ist (denn ein Land bzw. Staat kann sich ja eigentlich nur abschaffen, in dem es einem anderen Staat beitritt, wie die DDR der BRD beigetreten ist, oder sich in verschiedene Staaten aufteilt, wie dies mit der Sowjetunion geschehen ist), aber das klingt für den Durchschnittsbürger doch erst einmal bedrohlich. Das ist die Methode Sarrazin: mit einer Fülle von Daten und unbewiesenen Behauptungen schürt er Ängste. Angst vor sozialem Verfall, Angst vor kultureller Entfremdung, Angst vor Zunahme von Gewalt und Terror, Angst vor dem Verlust der Heimat. Dann macht er die Bedroher ausfindig – die angeblich dummen, leistungsschwachen und integrationsunwilligen Muslime – und legt drastische politische Schlussfolgerungen nahe.

Sarrazins Standpunkt ist nationalistisch. Mit „Abschaffung Deutschlands" meint er den Verlust von dem, was er als deutsche Kultur versteht, und eine Veränderung der Bevölkerungsstruktur, durch die die deutsch-christliche Bevölkerung zur Minderheit wird: *„Bleibt die Geburtenrate der Migranten (…) dauerhaft höher als die der autochthonen (einheimischen, A.d.A.) Bevölkerung, so werden Staat und Gesellschaft im Laufe weniger Generationen von den Migranten übernommen."*[24] (wenn doch nur die Bevölkerungsmehrheit auch Staat und Gesellschaft kontrollieren würden – dann hätten wir eine von Lohnabhängigen und nicht reichen Eliten kontrollierte Gesellschaft, aber das nur nebenbei...) Deutsch sein ist ihm jedenfalls das höchste Gut, was immer er damit auch genau meint.

Seiner Ansicht nach bedroht die muslimische Migration „unseren" Lebensstil, liegen türkische und arabische Menschen der Mehrheit der Bevölkerung auf der Tasche und wandern ein, um sich bei Hartz IV zu bedienen, liegt die Verantwortung für Integrationsprobleme ausschließlich bei integrationsunwilligen und in Parallelgesellschaften lebenden MigrantInnen, sind Muslime maßgeblich für Gewaltkriminalität verantwortlich.

Das hört sich dann so an:

„Soweit Integration stattfindet, sollten die Migranten (…) sich im Zuge der Integration anpassen. Ich möchte, dass auch meine Urenkel in 100 Jahren noch in Deutschland leben können, wenn sie dies wollen. Ich möchte nicht, dass das Land meiner Enkel und Urenkel zu großen Teilen muslimisch ist, dass dort über weite Strecken türkisch und arabisch gesprochen wird, die Frauen ein Kopftuch tragen und der Tagesrhythmus vom Ruf der Muezzine bestimmt wird. Wenn ich das erleben will, kann ich eine Urlaubsreise ins Morgenland buchen. (…) Ich möchte nicht, dass wir zu Fremden im eigenen Land werden, auch regional nicht."[25]

und:

„Aufgrund der üppigen Zahlungen des deutschen Sozialstaats ziehen wir eine negative Auslese von Zuwanderern an. Das Transfersystem setzt auf deren Fruchtbarkeit hohe Prämien aus und zieht so die migrantische Unterschicht von morgen heran. Die gute Versorgung bewirkt überdies, dass jeder Integrationsdruck fehlt. Aus den männlichen arabischen Kindern (…) werden die jugendlichen Gewalttäter von morgen, während die jungen Mädchen früh heiraten, viele Kinder bekommen und durch mehr Transferleistungen das Familieneinkommen sichern."[26]

und:

„Wirtschaftlich brauchen wir die muslimische Migration in Europa nicht. In jedem Land kosten die muslimischen Migranten aufgrund ihrer niedrigen Erwerbsbeteiligung und hohen Inanspruchnahme von Sozialleistungen die Staatskasse mehr, als sie an wirtschaftlichem Mehrwert einbringen."[27]

Es ist in diesem Kapitel nötig, sowohl Sarrazins Behauptungen als oftmals falsch zu widerlegen als auch gleichzeitig gegen seine grundsätzlichen Überlegungen zu argumentieren. Dies führt zwangsläufig dazu, auf zwei Ebenen zu argumentieren – sozusagen innerhalb und außerhalb der Logik von Sarrazin.

Zuwanderung in der Bundesrepublik

Die Geschichte der Zuwanderung in die Bundesrepublik Deutschland ist eine Geschichte von Ausbeutung und Entrechtung. Mitte der 1950er Jahre begannen Regierung und Unternehmen in Westdeutschland mit der Anwerbung ausländischer Arbeitskräfte. Der mit dem Nachkriegsboom sich entwickelnde Arbeitskräftemangel war dabei nur ein Faktor. Anfangs ging es vor allem darum, den steigenden Lohnforderungen der deutschen ArbeiterInnen etwas entgegen zu setzen, ausländische ArbeiterInnen also als Lohndrücker einzusetzen. Als es 1955 zum ersten Anwerbeabkommen zwischen der Bundesrepublik und Italien kam, lag die Erwerbslosenrate in der BRD noch bei durchschnittlich 5,1 Prozent, in einigen Regionen sogar bei über elf Prozent.

„Dass zumindest zu diesem Zeitpunkt der beginnende Import ausländischer Arbeitskräfte nicht so sehr einer bereits tatsächlich eingetretenen Erschöpfung des westdeutschen Arbeitsmarktes geschuldet war, als vielmehr aus lohnpolitischen Erwägungen der Unternehmer und des Staates sich erklärte, geht schließlich auch aus den Ausführungen des bayerischen Wirtschaftsministers Otto Bezold auf der Jahresversammlung der Vereinigung der Arbeitgeberverbände in Bayern im Oktober 1955 hervor: 'Es ist nicht erstaunlich, dass die unmittelbaren und mittelbaren Lohnforderungen zur Folge hatten, dass die Frage, ob dem dringenden Bedarf an Arbeitskräften nicht durch eine fruchtbare Hereinnahme von Fremdarbeitern begegnet werden sollte, immer dringender gestellt wird. Will man diese Frage nach der wirtschaftlichen Notwendigkeit beantworten, so wird man sie nur bejahen können.'"[28]

Die Regierung der Bundesrepublik handelte bis 1968 mit Jugoslawien, Spanien, Italien, der Türkei, Portugal, Griechenland, Marokko und Tunesien Anwerbeverträge aus, auf deren Basis in diesen Ländern Arbeitskräfte zum Einsatz in Westdeutschland angeworben wurden. Bis 1973 kamen 2,5 Millionen solcher so genannter "Gastarbeiter". Dann wurde ein Anwerbestopp verhängt, weil die Wirtschaft in die Krise geraten war und die Arbeitslosenzahlen stiegen.

Beide Seiten – die Bundesregierung und die meisten „Gastarbeiter" – hatten anfangs die Vorstellung, dass der Arbeitseinsatz in Deutschland vorübergehender Natur sein sollte. „Integration"

war kein Thema. Es kamen vor allem junge, kräftige und unge-
lernte Arbeitskräfte, die schwere Arbeiten verrichten mussten. Sie
wurden im Vergleich zu den Löhnen und Arbeitsbedingungen der
deutschen Beschäftigten zu niedrigeren Löhnen und schlechteren
Arbeitsbedingungen eingestellt. Sie erhielten anfangs Einjahres-
verträge, die ihnen eine Kündigung und einen Arbeitsplatzwechsel
in diesem Zeitraum unmöglich machten. Sie wohnten in extra für
sie eingerichteten Ausländerwohnheimen oder „Gastarbeiter"-La-
gern.

Wenn heute von bürgerlichen Politikern immer wieder die Forderung erhoben wird, es sollten nur solche MigrantInnen einwandern,
die für Deutschland „nützlich" - also profitbringend - sind,
so ist das die gängige Einwanderungspolitik über Jahrzehnte gewesen. Folgendes Zitat macht das deutlich:

*„In der Regel wird der Ausländer nicht an der betrieblichen Altersversorgung
teilnehmen, nicht in Betracht kommen für Sonderzuwendungen bei Arbeitsju-
biläen sowie für Heilverfahren, Frühheilverfahren und Erholungskuren. Der
bei uns arbeitende Ausländer stellt in der Regel die Arbeitskraft seiner besten
Jahre zur Verfügung; für die Betriebe ergibt sich daraus der Vorteil, dass nur
in seltenen Fällen ein älterer oder nicht mehr voll arbeitsfähiger ausländischer
Mitarbeiter aus sozialen Gründen mit durchgezogen werden muss."*[29]

Das ist der betriebswirtschaftliche Blick. Der gesamtwirtschaftliche lag unter anderem darin, dass ausländische Arbeitskräfte bei
einer Verschlechterung der Wirtschaftslage leicht in die Heimat
abzuschieben waren. Dieser Gedanke ist, wie auch der Import
von billigen Arbeitskräften zur Profitmaximierung für die deutsche Kapitalistenklasse, nicht neu. Schon in einer Studie des preu-
ßischen Handelsministeriums aus dem Jahr 1895 kann man lesen:

*„Beschränkte man die Industrie auf inländische Arbeiter, so würde bei ei-
nem Rückgang der Industrie eine größere Anzahl von Arbeitern brotlos und
vermehrten sich dadurch die unzufriedenen Elemente. Dagegen könne man
ausländische Arbeiter in solchem Falle ohne weiteres abstoßen."*[30]

Angesichts des Ende des Nachkriegsbooms, der ersten Rezession
in Westdeutschland 1967/68 und der Weltwirtschaftskrise ab 1973

hatte sich die gesamtwirtschaftliche Nützlichkeit der Zuwanderung von ArbeitsmigrantInnen aus Sicht der Kapitalisten erschöpft.

Dies drückte der damalige Arbeitsminister Walter Arendt so aus:

„Bei sich abschwächenden Vorteilen und steigenden Folgekosten wird schließlich ein Punkt erreicht, wo die Beschäftigung ausländischer Arbeitnehmer für eine Volkswirtschaft per Saldo keine neuen Wachstumsmöglichkeiten eröffnet."[31]

1973 wurde daraufhin von der Bundesregierung ein Anwerbestopp verhängt und es wurde versucht, ausländische ArbeitnehmerInnen verstärkt vom Arbeitsmarkt zu ver- und aus Deutschland heraus zu drängen, unter anderem durch die Verweigerung der Verlängerung der Arbeitserlaubnis, was auch die Aufenthaltserlaubnis aufhob. So ging die Zahl der nichtdeutschen Beschäftigten zwischen 1973 und 1978 um 700.000 zurück. Die CDU/CSU/FDP-Regierung führte dann Anfang der 1980er Jahre Rückkehrprämien ein, um MigrantInnen zum Verlassen Deutschlands zu bewegen.

„Sie holten Arbeitskräfte, gekommen sind Menschen" ist ein bekannter Spruch zur Einwanderungspolitik der Bundesrepublik in der Nachkriegszeit. Und tatsächlich blieb ein großer Teil der ArbeitsmigrantInnen in Deutschland, nicht zuletzt, weil sich in ihren Heimatländern für sie keine berufliche und soziale Perspektive bot. Dies galt besonders für die türkischen "Gastarbeiter".
Immer mehr migrantische Arbeiter, denen klar wurde, dass ihr Aufenthalt in Deutschland nicht von kurzer Dauer sein würde, holten ihre Familien nach. Nach dem Anwerbestopp war dies auch die einzige Möglichkeit, noch in die Bundesrepublik einzuwandern.

MigrantInnen, Arbeitsmarkt, Hartz IV

Heute leben 15,6 Millionen Menschen mit so genanntem Migrationshintergrund in Deutschland, davon sind 8,3 Millionen keine deutschen Staatsbürger[32], wiederum 3,5 Millionen sind muslimischer Herkunft, größtenteils aus der Türkei.[33]

Sie haben einen wesentlichen Beitrag zur Entwicklung der deutschen Volkswirtschaft geleistet. Sarrazins unbewiesene Behauptung, Muslime würden dem Land mehr „kosten", als sie an „wirtschaftlichem Mehrwert" einbringen, ist vor diesem Hintergrund nicht nur unhistorisch, sondern auch für die aktuelle Situation falsch.

„80 Prozent der Migrantinnen und Migranten mit muslimischem Hintergrund können Einkommen aus Lohn, Gehalt oder Selbständigkeit vorweisen. Zudem zahlen sie pro Kopf mehr Steuern und Abgaben, als sie Transferleistungen vom Staat erhalten. Im Jahr 2004 waren es beispielsweise 1.840 Euro. Zu diesem Ergebnis kam eine Studie des Instituts zur Zukunft der Arbeit (IZA) für das Wirtschaftsmagazin Capital. IZA-Forscher Holger Bonin betont: 'Das Stammtischgerede davon, dass Ausländer auf Kosten der Bundesbürger Sozialsysteme ausplündern, ist blanker Unsinn.' Jeder Migrant zahlt der Studie zufolge im Laufe seines restlichen Lebens durchschnittlich 11.000 Euro mehr an den Staat, als er bekommt. Zusammengerechnet sind das 82 Milliarden Euro."[34]

Aber selbst wenn Sarrazins Rechnung aufginge, wäre sie volkswirtschaftlich betrachtet unsinnig, denn eine Beendigung aller Erwerbsarbeit von Muslimen in Deutschland würde zweifellos die Wirtschaftsleistung deutlich herabsenken und dadurch nicht nur zu Steuerausfällen, sondern auch zu einem Wachstum der Arbeitslosigkeit - auch unter Nichtmuslimen und deutschen StaatsbürgerInnen - führen. Und selbst wenn das nicht der Fall wäre, ist der Blickwinkel Sarrazins abzulehnen, denn dieser macht den Menschen zum reinen Wirtschaftsfaktor. In seiner nationalistischen Logik macht er MigrantInnen zu Menschen zweiter Klasse. Übertragen auf Behinderte, RentnerInnen, Langzeitarbeitslose ist Sarrazins Logik ein Aufruf zur Beendigung jeglichen Solidarprinzips und von Sozialleistungen.

Um zu der Erkenntnis zu gelangen, dass MigrantInnen in Deutschland häufiger arbeitslos und arm (und dadurch BezieherInnen von Transferleistungen) sind, brauchte man kein Sarrazin-Buch. Das ist allenthalben bekannt. Nur ist das nicht die Verantwortung der betroffenen erwerbslosen und armen MigrantInnen, so wie die Erwerbslosigkeit und Armut deutscher StaatsbürgerInnen auch nicht deren Schuld ist. Auch heute stehen den offiziell drei Millionen und real weit über vier Millionen Arbeitslosen in der Bundesrepublik nur ca. eine Million offene Stellen gegenüber. Wer vor diesem Hintergrund, wie Sarrazin, behauptet, wer arbeiten wolle, finde auch eine Arbeitsstelle, hat offensichtliche Schwierigkeiten mit einfacher Mathematik - mag er auch Ex-Finanzsenator und Ex-Bundesbanker sein. Die Massenerwerbslosigkeit ist Folge eines auf Profitmaximierung und Konkurrenzwirtschaft aufgebauten Wirtschaftssystems, in dem in den letzten Jahrzehnten in der Industrie und im öffentlichen Dienst Millionen von Arbeitsplätzen weg rationalisiert wurden, die in anderen Wirtschaftsbereichen nicht kompensiert werden konnten. Dass von dieser Arbeitsplatzvernichtung überdurchschnittlich viele MigrantInnen betroffen waren, die im Bergbau, der Stahl-, Textil- und anderen Industrien geschuftet haben, ist nicht deren Verschulden.

Angesichts des enormen Reichtums in der Bundesrepublik - in der es auch nach der tiefsten Rezession seit achtzig Jahren ein privates Geldvermögen von 4,88 Billionen Euro gibt - ist es offensichtlicher Unsinn, davon zu sprechen, dass die MigrantInnen VerursacherInnen sozialer Probleme sind. Offensichtlich ist dieser Reichtum so einseitig verteilt, dass er nur einer Minderheit der Bevölkerung zugute kommt. Um von der Verantwortung der Kapitalisten, Bänker und Superreichen, der Regierungen und ihres Wirtschaftssystems, für die sozialen Probleme abzulenken, werden seit vielen Jahren verschiedene Gruppen von MigrantInnen für soziale Missstände verantwortlich gemacht. In den 1970er und 1980er Jahren stand dabei die Behauptung im Mittelpunkt, Ausländer nähmen „den Deutschen" die Arbeitsplätze weg. Diese Behauptung wird schon durch die Tatsache ad absurdum geführt, dass der Anteil der sozialversicherungspflichtig Beschäftigten MigrantInnen seit Anfang der 1970er Jahre relativ konstant geblieben ist, die Erwerbslosigkeit aber trotzdem gestiegen ist. Als zu Beginn der 1990er Jahre aufgrund der Kriege im ehemaligen Jugoslawien, der Verfolgung der kurdischen Bevölkerung und anderer Kriege und Hungerkatastrophen die Zahl der AsylbewerberInnen stieg, war von „Asylantenflut" die Rede, die die sozialen Sicherungssysteme und den Wohnungsmarkt überlaste. Heute sind es die Muslime, die für soziale Missstände verantwortlich sein sollen.

Diskriminierung von MigrantInnen

Tatsache ist jedoch, dass MigrantInnen in besonderem Maße von sozialen und politischen Missständen betroffen sind. Neben der höheren Erwerbslosigkeit, niedrigerer Löhne und größerer Armut gehört dazu eine schlechtere Wohnsituation, vielfältige Diskriminierung und die Verweigerung demokratischer Rechte. Diese Lebensrealität von MigrantInnen ist direkt auf den durch die Bundesregierung zu verantwortenden Charakter der Zuwanderung, den jahrzehntelangen völligen Verzicht auf jede Art von „Integrations"bemühungen durch Regierungen und Behörden, und die Folgen arbeiterfeindlicher, pro-kapitalistischer Politik im allgemeinen zurückzuführen.

Beispiel Wohnsituation: MigrantInnen wird oftmals vorgeworfen, sie würden sich in Ghettos zurückziehen. Unbestreitbar ist, dass es Stadtteile und Wohngegenden gibt, in denen bestimmte Migrantengruppen verstärkt wohnen. So wie man in Berlin-Neukölln viele Türken und Araber antrifft, so trifft man jedoch in Berlin-Zehlendorf fast nur Deutsche an – auch ein Fall von Ghettobildung?

Die Gründe für Konzentrationen von bestimmten Migrantengruppen in gewissen Stadtteilen sind jedenfalls vielschichtig und sicherlich nicht ausschließlich auf den Wunsch der MigrantInnen und ihre freie Entscheidung zurückzuführen. Die Geschichte der Wohnlage von MigrantInnen beginnt mit den Ausländerwohnheimen, die oftmals von den Arbeitgebern eingerichtet wurden, und geht weiter mit Bezirkszuweisungen für AusländerInnen, wie es sie in West-Berlin bis in die 1980er Jahre gab. Damals bekamen MigrantInnen einen Stempel in den Ausweis, der festlegte, in welchen Stadtbezirken sie wohnen durften. Dass es sich dabei eher um Kreuzberg und Tempelhof handelte, als Dahlem und Zehlendorf, überrascht wohl niemanden. Hinzu kam und kommt direkte Diskriminierung auf dem Wohnungsmarkt durch Vermieter. Früher war es keine Seltenheit, dass bei Wohnungsanzeigen darauf hingewiesen wurde, dass nicht an Ausländer vermietet wird. Viele MigrantInnen haben bei ihrer Suche nach einer Wohnung die Erfahrung gemacht, mit fadenscheinigen Begründungen oder offener Ausländerfeindlichkeit eine Absage zu bekommen.

Die durchschnittlich niedrigeren Einkommen von MigrantInnen tragen natürlich auch dazu bei, dass sie eher in ärmeren Stadtteilen wohnen, wobei es Statistiken gibt, die darauf hinweisen, dass MigrantInnen für vergleichbaren Wohnraum mehr Miete zahlen müssen, was nach Aussage des Berliner Mietervereins mit einem durch Vermieter erhobenen 'Ausländerzuschlag' zu erklären ist. Eine DIW-Studie kam zu dem Ergebnis, dass Ausländer am Wohnungsmarkt schon deswegen benachteiligt sind, weil sie Ausländer sind. Während jeder Deutsche durchschnittlich 40 Quadratmeter Wohnraum zur Verfügung hat, sind das in multikulturellen Wohngegenden nur 25 Quadratmeter.[35]

Jedenfalls ist die Konzentration von Migrantengruppen in bestimmten Wohnvierteln keine selbst gewählte Ghettoisierung oder Ausdruck der vermeintlichen Parallelgesellschaft, sondern ein über Jahrzehnte gewachsenes Phänomen, das in erster Linie soziale und wirtschaftliche Ursachen hat und durch die Politik der Regierenden und Diskriminierungen auf dem Wohnungsmarkt voran getrieben wurde. Umfragen belegen außerdem, dass eine Mehrheit von Muslimen gerne in gemischten Wohngegenden lebt beziehungsweise leben würde. Eine Studie des US-Forschungsinstituts Gallup fand heraus, dass 88 Prozent der Muslime in Deutschland nicht größtenteils mit Menschen derselben ethnischen Abstammung und Religion wie sie selbst leben möchten, und kam zu dem Schluss:

„Die Umfrageergebnisse (räumen) mit dem Märchen auf, dass die meisten Moslems isoliert von der Gesamtgesellschaft leben möchten. Wenn Moslems tatsächlich in ethnisch oder religiös homogenen Wohngegenden leben, ist dies meist eher eine Folge der wirtschaftlichen Gegebenheiten als die eigene, freie Wahl."[36]

Ähnliche Diskriminierungen erfahren MigrantInnen auf dem Arbeitsmarkt und in den Bildungseinrichtungen. Für Sarrazin ist die höhere Erwerbslosigkeit und der geringere Anteil von MigrantInnen unter den Abiturienten ein Zeichen für ihre angeblich genetisch bedingte Dummheit und kulturell bedingte Faulheit. Der Ausgangspunkt all seiner Überlegungen ist der Gedanke, dass der Einzelne selber für seine soziale Lage verantwortlich ist, nicht Staat und Gesellschaft. Dieser Gedanke führt dazu, dass Sarrazin auch in den Fällen zu falschen Ursachenbeschreibungen und Schlussfolgerungen kommt, wo er richtige Statistiken verwendet.

Christoph M. Schmidt schreibt im *Handelsblatt* zur Methode Sarrazins:

„Informationen über die möglichen Ursachen von Integrationsproblemen werden mit dem Mikrozensus nicht mitgeliefert. Sie müssen erst in der weiterführenden Forschung erarbeitet werden.

Aber mit derart kniffligen Fragen hält sich der Buchautor Sarrazin nicht lange auf. Sein Erklärungsversuch setzt kurzerhand ethnische Zugehörigkeit und Leistungsfähigkeit gleich: Nach seiner Auffassung ist die Bildungsleistung der türkischen Zuwanderer geringer als die der Deutschen, weil sie Türken sind.

Mit einer statistischen Auswertung des Mikrozensus kann man in Deutschland des Jahres 2010 die Frage beantworten, welche Erwartungen ich an den Bildungsstand eines Erwachsenen haben kann, wenn ich weiß, ob er türkischer Zuwanderer oder Deutscher ist. Im Ottomanischen Reich des Jahres 1910 wäre die Antwort auf diese Frage recht anders ausgefallen. Warum? Weil nicht die Eigenschaft, Türke oder Deutscher zu sein, hinter den zu beobachtenden Unterschieden steckt, sondern ganz andere Faktoren. Die ethnische Zugehörigkeit erfüllt in den eingesetzten Modellen nur die Rolle eines Platzhalters für diese tatsächlichen Ursachen. Daraus zu schließen, der Platzhalter sei selbst die Ursache, ist aber völlig hanebüchen. Dazu ein Beispiel: Führte man auf deutschen Autobahnen Geschwindigkeitsmessungen durch und wertete nach Farben getrennt aus, dann würde sich vermutlich herausstellen, dass rote Autos im Schnitt schneller fahren als lindgrüne oder hellblaue. Das dürfte wohl an mehreren Ursachen liegen, etwa, dass Ferraris oft rot sind und dass vor allem sehr defensive Fahrer ein pastellfarbenes Auto erwerben. Auf die Idee, die roten Fahrzeuge wären schneller, weil sie rot sind, käme aber hoffentlich niemand."[37]

Menschen können auf ihr Schicksal nur in dem Rahmen der sozialen Bedingungen Einfluss nehmen, die sie vorfinden. Die *„vom Tellerwäscher zum Millionär"*-Mythen, die auch Sarrazin bedient, wenn er behauptet, mit ausreichend Ehrgeiz könne man die eigene soziale Situation sicher verbessern, sind Augenwischerei. So wie Sarrazin aus Negativ-Phänomenen, die eine Minderheit von MigrantInnen betreffen (Zwangsehe, so genannte „Ehrenmorde" etc.) auf die Mehrheit verallgemeinert, so greift er auch Einzelbeispiele von MigrantInnen heraus, denen der soziale Aufstieg gelungen ist, und pauschalisiert diese ebenfalls.

Tatsächlich ist doch völlig klar, dass in einer kapitalistischen Gesellschaft nicht alle Millionäre oder auch nur erfolgreiche Selbständige oder leitende Angestellte sein können. Der Kapitalismus braucht die Massen der einfachen Lohnabhängigen, wie er auch das Heer der Arbeitslosen als Reservearmee für den Arbeitsmarkt braucht, um Beschäftigte unter Druck setzen zu können. Deshalb ist das System so strukturiert, dass es Menschen entsprechend der ökonomischen Notwendigkeiten des Kapitalismus „produziert". Darum gibt es ein selektierendes Bildungssystem und darum ist es falsch, dass der soziale Aufstieg vor allem vom Ehrgeiz und Einsatzwillen des Einzelnen abhängt. Ganz abgesehen davon, dass Ehrgeiz und Einsatzwillen untergraben werden, wenn man nach Dutzenden Bewerbungen immer noch keinen Arbeits- oder Ausbildungsplatz erhalten hat, wenn man in der Schule überfordert wird und sich keine Nachhilfestunden leisten kann oder wenn man zu Niedrigstlöhnen schuften muss und dabei noch vom Arbeitgebern ausspioniert wird. Das gilt umso mehr, wenn dann auch noch Diskriminierung aufgrund der Nationalität, Religion oder Hautfarbe hinzu kommt.

MigrantInnen im Bildungswesen

Die Situation von MigrantInnen im Bildungswesen ist dafür ein Beispiel. Es ist unbestritten, dass Kinder mit Migrationshintergrund in der Bundesrepublik seltener Abitur machen, als deutsche Kinder. Spätestens seit der PISA-Studie wissen aber alle, dass das auch für Arbeiterkinder gilt. Auch der Hinweis auf das gute PISA-Abschneiden der Niederlande, wo es viele muslimische Einwanderer gibt, weist darauf hin, dass Sarrazin falsch liegt. Aber er arbeitet auch hier mit falschen Zahlen oder verschweigt andere, verzichtet auf nötige Differenzierungen oder präsentiert Momentaufnahmen, wo Entwicklungsrichtungen wichtig sind.

Sarrazin sagt:

„Besorgniserregend ist, dass die Probleme der muslimischen Migranten auch bei der zweiten und dritten Generation auftreten, sich also quasi vererben, wie der Vergleich der Bildungsabschlüsse zeigt. Von den in Deutschland lebenden Menschen mit muslimischem Migrationshintergrund haben 30 Prozent überhaupt keinen Schulabschluss und 14 Prozent Abitur. Darunter haben bei denen mit türkischem Migrationshintergrund 27 Prozent keinen Schulabschluss und 8 Prozent Abitur."[38]

Er differenziert weder innerhalb der Gruppe der Muslime, noch zeichnet er ein akkurates Bild der Unterschiede bei den Bildungserfolgen der zweiten und dritten Generation.

Die MLD-Studie zeichnet ein anderes Bild. Erstens gibt es eine positive Bildungsdynamik, das heißt die zweite und dritte Generation erzielen bessere Abschlüsse als die erste. Von einer „Vererbung" der „Bildungsferne", wie Sarrazin sie darstellt, kann also keine Rede sein. Bei türkischstämmigen Muslimen liegt die Steigerungsrate hinsichtlich der Erlangung eines höheren Bildungsabschlusses im Vergleich zur ersten Generation bei 800 bis 900 Prozent.[39]

Die MLD-Studie, die tatsächlich nach Religionszugehörigkeit unterscheidet, hat andere Zahlen als Sarrazin veröffentlicht: 28,5 Prozent der Muslime erlangen demnach die (Fach-)Hochschulreife, während nur 13,5 Prozent die Schule abbrechen.

Die Studie kommt zu folgender Schlussfolgerung:

„Ein direkter Zusammenhang zwischen der Zugehörigkeit zum Islam und der Bildung lässt sich dabei angesichts der großen Unterschiede zwischen den Muslimen aus verschiedenen Herkunftsländern nicht feststellen."[40]

Letzteres wird dadurch bestätigt, dass Muslime aus dem Irak, Iran und Afghanistan sogar häufiger das (Fach-)Abitur haben, als die deutsche Bevölkerung, nämlich 33,3 Prozent im Vergleich zu 21,4 Prozent.[41] Diese Zahlen beinhalten nicht die Absolventen der beruflichen Schulen, die zur Allgemeinen Hochschulreife führen, die die Gesamtquote erhöht.

All diese Zahlen führen zu zwei Schlussfolgerungen: Sarrazin hat erstens nicht Recht und zweitens hat der Bildungserfolg nichts mit der Religion oder Nationalität zu tun, sondern vielmehr mit der sozialen Herkunft und den Chancen, die das Bildungssystem Kindern aus Arbeiter- und Erwerbslosenfamilien bietet. Darauf hinzuweisen, dass der Bildungserfolg von Muslimen besser ist und sich vor allem besser entwickelt, als Sarrazin behauptet, stellt aber keine positive Aussage über das Bildungssystem oder die Situation von MigrantInnen in diesem dar.

Gerade MigrantInnen wird der Aufstieg im deutschen Bildungswesen schwer gemacht. Viele MigrantInnen berichten davon, dass sie trotz ähnlicher schulischer Leistungen von ihren GrundschullehrerInnen nicht dieselbe Empfehlung für die weiterführende Schule erhalten haben wie deutsche Kinder.

Sineb El Masrar berichtet:

„Mindestens einmal im Leben passierte es jedem von uns, dass einem ein Lehrer ohne Umschweife sagte, dass eine Drei oder Vier für ein Ausländerkind völlig ausreichend sei. Egal wie gut es um unsere Allgemeinbildung und Schulleistung stand, wir blieben auf den unteren Rängen der Bewertungsskala hängen. Andere Lehrer fanden schlichtweg: 'Ich lasse euch schon durchfallen'" [42]

Dabei zeigen Studien, dass Sarrazins Behauptung, es gebe unter Arabern und Türken eine *„mangelnde Bildungsbereitschaft"* [43] nicht zutrifft. 95 Prozent der Muslime in Deutschland betrachten das Erreichen eines besseren Bildungsabschlusses als notwendig zur Integration. Eine aktuelle Studie der Universität Mannheim fand sogar heraus, dass türkische Grundschüler bei gleichen Leistungen und ähnlichem sozialen Hintergrund häufiger auf höhere Schulen wechseln als ihre deutschen MitschülerInnen. [44] Das ist nur mit dem Bildungsanspruch der Eltern erklärbar, die sich bewusst sind, dass es ihre Kinder schwerer haben werden als deutsche Kinder, und deshalb auf Bildungserfolg und einen Wechsel zu einer höheren Schule größeren Wert legen.

Neben der Benachteiligung von MigrantInnen auf dem Arbeits-

und Wohnungsmarkt und im Bildungswesen gibt es die rechtliche Diskriminierung. Dazu gehören vor allem die Verweigerung des Wahlrechts auf allen Ebenen, mit Ausnahme des kommunalen Wahlrechts für EU-BürgerInnen, und die Einschränkungen der politischen Betätigung für Ausländer nach Paragraph 47 des Aufenthaltsgesetzes. Zusammen gefasst bedeutet das: MigrantInnen dürfen hier für deutsche Bosse Profite erarbeiten und Steuern an den deutschen Staat zahlen, können aber keinen bzw. nur eingeschränkten Einfluss auf die politischen Zustände in Deutschland nehmen.

Die Lage von AsylbewerberInnen

Gleichzeitig muss man betonen, dass es nicht „die" MigrantInnen gibt, wie es auch nicht „die" Muslime gibt. Abgesehen von Klassen- und Schichtunterschieden gibt es Unterschiede bezüglich des Aufenthaltsstatus, die wichtige Folgen für die Lebenssituation und -perspektiven und damit auch für Möglichkeiten der so genannten Integration haben.

Das trifft vor allem für solche MigrantInnen zu, die nur befristete Aufenthaltsgenehmigungen haben oder dem Status der Duldung unterliegen. Diese gilt in der Regel für AsylbewerberInnen, deren Abschiebung für einen bestimmten Zeitraum ausgesetzt wurde. In der Bundesrepublik sind 200.000 Menschen davon betroffen, ein Drittel von ihnen schon über zehn Jahre, sie erhalten so genannte Kettenduldungen, also regelmäßige Verlängerungen ihres Aufenthaltsstatus.
Solche Menschen müssen unter unmenschlichen Bedingungen leben. Sie erhalten in der Regel keine Arbeitserlaubnis, dürfen sich nur in einem Bundesland oder Landkreis aufhalten (ihnen wird also das Grundrecht auf Freizügigkeit verwehrt), sie haben keinen Anspruch auf Arbeitslosengeld II oder Sozialhilfe, sondern erhalten Sachleistungen oder Wertgutscheine (können also nicht frei entscheiden, wie sie sich ernähren), leben oftmals in Wohnheimen, können keiner gesetzlichen Krankenversicherung beitreten und erhalten dementsprechend nur eingeschränkte Gesundheitsleistungen, haben keinen Anspruch auf Teilnahme an einem Integrationskurs.

Die Situation vieler AsylbewerberInnen wird in einem Interview mit Achmed Eidid deutlich, der in einem Flüchtlingslager in Augsburg leben muss:

„Wir wollen Geld statt Essenspakete. Es kann doch nicht sein, dass wir nicht selber bestimmen dürfen, was wir essen. Wir haben bei uns im Lager Neusässer Straße keine Privatsphäre, es herrschen katastrophale Zustände. Es gibt nicht genügend Toiletten - und nur vier Duschen in einem Gemeinschaftsraum für 50 bis 60 Leute. Bis zu sechs Personen müssen in einem Raum leben. Viele von uns vegetieren schon seit Jahren so, das ist menschenunwürdig. Wir brauchen eigene Wohnungen. Die meisten von uns kommen aus Somalia. Viele haben Kriegsverletzungen, einige sogar noch Kugeln oder Bombensplitter in ihren Körpern. Sie müssen operiert werden, andere benötigen psychologische Hilfe. Die medizinische Versorgung ist aber ungenügend. Man verbietet uns zu arbeiten und demütigt uns, indem man uns mit 40 Euro Taschengeld pro Monat abspeist. Wir haben keine Bewegungsfreiheit, viele von uns leben seit Jahren hier wie Gefangene. Es kann doch nicht sein, dass wir Strafe zahlen müssen, weil wir einige Meter weiter gegangen sind, als man uns erlaubt. Und wir wollen endlich Deutsch lernen."[45]

Es gibt unzählige Beispiele von schrecklichen Schicksalen von AsylbewerberInnen und Abschiebungen in lebensgefährliche Situationen für die Betroffenen. Die taz berichtete im Dezember 2010 unter anderem von zwei Beispielen: der 22-jährige serbische Rom Miroslav Redepovic soll trotz eines kurz zuvor erfolgten Suizidversuchs in der Abschiebehaft ausgewiesen werden und sitzt weiter in Haft. Sein Vater hatte sich vor acht Jahren aus Angst vor einer Abschiebung der Familie verbrannt. Der 23-jährige palästinensische Jura-Student Hassan Khateeb ist seit 18 Jahren geduldet, sollte kurz vor seinem Abitur abgeschoben werden, was nur verhindert werden konnte, weil es eine breite Solidaritätskampagne gab und der Pilot, der ihn zurück nach Jordanien fliegen sollte, sich diesem Auftrag verweigerte. Ein junger Mensch, der im Alter von fünf Jahren nach Deutschland kam und hier aufgewachsen ist, soll also in ein Land abgeschoben werden, das er nicht kennt und wo er einer Flüchtlingscommunity angehören würde.

Von diesen Menschen zu fordern, dass sie sich integrieren sollen, ist blanker Hohn. Denn der Staat bietet ihnen dazu keinerlei Voraussetzungen an. Und doch bemühen sich viele von ihnen. Es ist aber auch nicht verwunderlich, dass viele Kinder, die täglich mit der Angst einer Ausweisung leben müssen und keinerlei Arbeits- und Zukunftsperspektive haben, keine Motivation entwickeln können, sich in der Schule anzustrengen. Eine hohe so genannte Ausländerkriminalität ist angesichts dieser Zustände eine sich selbst erfüllende Prophezeiung. Denn jede Übertretung der so genannten Residenzpflicht, also des auf ein Bundesland oder einen Landkreis eingeschränkten Aufenthaltsrechte, fließt in diese Statistik ein. Abgesehen davon, dass Armut eine Ursache für Kriminalität ist.

Integration?

Solche Differenzierungen sind Thilo Sarrazin unbekannt. Für ihn gibt es nur die MigrantInnen und vor allem die Muslime, die „integrationsunwillig" sind und in Parallelgesellschaften leben. Doch was soll „Integration" eigentlich sein und was ist eine Parallelgesellschaft?

Der Integrationsbegriff wird von den meisten Menschen, Deutschen wie Nichtdeutschen, positiv gesehen. Er steht in ihren Augen für ein friedliches Zusammenleben von Menschen aus unterschiedlichen Nationen und Religionsgemeinschaften.

Amir, ein Interviewpartner aus Ahmet Topraks Studie über Muslime, fasst das so zusammen:

„Integration ist, ja, wie soll ich sagen, wenn die Menschen hier angekommen und willkommen sind. Wenn zum Beispiel alle Arbeit bekommen und es nicht heißt, Deutsche werden bevorzugt. Wenn auch ausländische Kinder ins Gymnasium kommen oder wenn wir auch bessere Wohnungen bekommen und so. (...) Was braucht man dafür. Ich denke, man muss schon gut Deutsch können, ohne Deutsch geht das nicht. Wir müssen uns mehr anstrengen, um Deutsch zu lernen. Wir können besser Deutsch lernen, wenn wir willkommen sind." [46]

Integration in diesem positiven Sinne muss also eine strukturelle, soziale Komponente umfassen und kann nicht ohne soziale und demokratische Rechte der MigrantInnen gedacht werden.

Der Begriff „Integration" ist aber zu einem Kampfbegriff derjenigen Kräfte geworden, die dafür verantwortlich sind, MigrantInnen soziale und demokratische Rechte zu verweigern. Er steht nicht für soziale und rechtliche Gleichheit, sondern für Anpassung und Assimilation, also die Aufgabe eigener spezifischer Identitätsmerkmale.

Das gibt Sarrazin selber zu:

„Assimilation und Integration werden gern gegeneinander ausgespielt. Eigentlich ist es ein Scheingegensatz und ein Streit um Worte. Denn wer integriert ist, ist auch immer ein Stück weit assimiliert und assimiliert kann man sowieso nicht sein, ohne integriert zu sein."[47]

Denn es wird auf die "integrationsunwilligen" MigrantInnen und Muslime geschimpft. Integrationsunwillig sind dann diejenigen, die angeblich kein Deutsch lernen wollen, Deutschenfeindlichkeit verbreiten, kulturelle und religiöse Werte vertreten, die nicht der vermeintlich deutschen Kultur entsprechen. Diese Haltung wird nicht nur von offenen Rassisten wie Sarrazin vertreten. Viele bürgerliche Politiker haben die Sarrazin-Debatte zum Anlass genommen, sich von seinen Aussagen zum "Juden-Gen" und seinen Pauschalisierungen zu distanzieren, um dann in das Sarrazinsche Horn gegen „integrationsunwillige" MigrantInnen zu blasen.

Dazu gehört unter anderem auch der SPD-Vorsitzende Sigmar Gabriel, der sagte:

„Wer auf Dauer alle Integrationsangebote ablehnt, der kann ebenso wenig in Deutschland bleiben wie vom Ausland bezahlte Hassprediger in Moscheen."[48]

Der Begriff der Integration ist genauso schwammig wie der Begriff der Integrationsunwilligkeit. Betrachtet man den in letzterem enthaltenen Vorwurf der negativen Einstellung zu Deutschland oder den Deutschen, zeigen jedoch viele Studien, dass dies auf eine Mehrheit von MigrantInnen nicht zutrifft, wobei man zu dieser Erkenntnis auch gelangen konnte, wenn man während der Fußballweltmeisterschaft einen Blick in türkische, arabische, albanische oder andere Gaststätten geworfen hat. Tatsächlich geben mehr Muslime eine *„enge Bindung zur Bundesrepublik"* an als Nicht-Muslime.[49]

Gleichzeitig ist es angesichts der strukturellen sozialen und politischen Diskriminierung und nicht zuletzt der islamfeindlichen Kampagnen der letzten Jahre keine Überraschung, wenn sich Teile der MigrantInnen zurückziehen und „desintegrieren".

Ein von Ahmet Toprak nach Widerstand gegen „Werte und Normen der Mehrheitsgesellschaft" innerhalb bestimmter muslimischer Milieus befragter Imam antwortete darauf:

„Die Frage kann ich mit gemischten Gefühlen beantworten. Eigentlich sind die meisten gegenüber Deutschland und [der deutschen] Gesellschaft sehr offen. Sie wollen sich auch integrieren. Aber aufgrund der Misserfolge im Bildungsbereich, auf dem Arbeitsmarkt oder bei Benachteiligungen im Alltag ziehen sich viele zurück. Viele schimpfen am Anfang auf Deutsche und die deutsche Politik. Das ist erst einmal harmlos. Aber einige werden doch radikaler gegenüber der deutschen Gesellschaft, weil sie auch viel Zustimmung von ihrem Umfeld erfahren. Diese Menschen ziehen sich dann zurück, lehnen alles ab und sehen sich als Opfer der deutschen Politik. Und deren Zahl wächst leider in meiner Gemeinde."[50]

Der hier beschriebene Prozess findet zweifellos statt und stellt eine Gefahr dar. Jedoch weniger eine Gefahr für die „deutsche Leitkultur" als für die in Deutschland lebende Arbeiterklasse, denn er vertieft Spaltungspotenziale und erschwert gemeinsame Gegenwehr gegen Sozialabbau und Arbeitsplatzvernichtung. Die von dem Imam beschriebene Haltung trifft bisher aber nur auf eine Minderheit unter muslimischen MigrantInnen zu. Vor allem aber ist sie nicht zwangsläufig Folge ihrer Religion, Kultur oder genetischen Disposition, sondern der sozialen, politischen und ökonomischen Lage dieser Menschen. Für diese sind wiederum wesentlich das kapitalistische Wirtschaftssystem und die Regierungen verantwortlich und nicht die MigrantInnen selber. Eine Verantwortung trägt allerdings auch die politische Linke und die Gewerkschaften. Diese haben die, Aufgabe den zurecht wütenden, von dem kapitalistischen Deutschland entfremdeten und ent-

täuschten MigrantInnen (und den genauso wütenden und ent-
täuschten deutschen ArbeiterInnen und Erwerbslosen) eine Perspektive für einen gemeinsamen Kampf von deutschen und
nichtdeutschen Beschäftigten und Erwerbslosen für soziale Verbesserungen aufzuzeigen. Fehlt eine solche Perspektive, haben es
rechte Rattenfänger einfacher, Menschen zu erreichen – was sowohl für deutschnationale Rechtspopulisten als auch für reaktionäre islamische Fundamentalisten gilt.

Die pauschal an MigrantInnen gerichtete Forderung nach Integration muss, – in dem Sinne, wie sie von bürgerlichen Politikern
aufgestellt wird – zurück gewiesen werden. Linke sollten sich den
von pro-kapitalistischen und die Diskriminierung von MigrantInnen aufrecht erhaltenden Kräften geprägten Integrationsbegriff
nicht zu Eigen machen. Kritische Kräfte unter den MigrantInnen
weisen den Begriff auch deshalb zurück, weil sie ihn als Aufforde-
rung verstehen, die eigene Kultur und Traditionen zumindest ein
Stück weit aufzugeben.

Das machte Sarrazin selber in einem Interview mit der türkischen
Tageszeitung Hürriyet deutlich:

*„Die Migranten sind in diesem Land herzlich willkommen. Aber diese Men-
schen müssen sich innerhalb eines Zeitraums der deutschen Gesellschaft anpassen. (...) Ich möchte nicht, dass sich in Deutschland nationale Minderheiten bilden (...) Mein Problem sind die Türken und Moslems, die (...) Ihre eigene Kultur und Identität nicht ablegen wollen."[51]*

Dies gilt umso mehr, da die Prämissen der Integrationsforderung
nationalistisch und schlichtweg falsch sind. Denn sie gehen von
einer deutschen Gesellschaft und einer deutschen Kultur aus.
Deshalb immer wieder der Vorwurf, MigrantInnen würden Parallelgesellschaften bilden, und deshalb immer wieder die Forderung
nach einer deutschen Leitkultur.

Eine deutsche Kultur?

Tatsächlich gibt es in dem Sinne, wie diese Aussagen gemeint,
sind weder *eine* deutsche Gesellschaft noch *eine* deutsche Kultur.

Soziologisch bezeichnet der Begriff Gesellschaft eine Gruppe von Menschen, die zusammen leben. Tatsächlich leben aber in einem Staat unterschiedliche Gruppen von Menschen in unterschiedlicher Art und Weise zusammen. Migrantische „Parallelgesellschaften" einer deutschen Gesellschaft gegenüber zu stellen, hat nichts mit der Realität zu tun. Das Leben findet für den großen Teil der Menschen vor allem auf der Arbeit und in ihrer Wohngegend statt. Hier leben MigrantInnen und Deutsche zusammen. Sie eint ihre Existenz als Lohnabhängige und als MieterInnen und Nachbarn. Sie fahren in denselben Bussen und U-Bahnen, kaufen bei ALDI ein und haben sehr ähnliche Sorgen und Wünsche. Genauso gibt es große Schnittmengen in ihrer Kultur, wenn man diese als Lebensweise betrachtet. Das gilt nicht nur in einem Land, sondern sogar über Ländergrenzen hinweg. Die Unterschiede in der Lebensweise und dementsprechend auch die Bildung von „Parallelgesellschaften" finden vielmehr zwischen den sozialen Klassen statt.

Peter Hadden schrieb in seinem Buch *„Troubled Times"*, das sich mit der nationalen Frage in Irland auseinandersetzt:

„In jeder kapitalistischen Nation gibt es zwei zu unterscheidende Gruppen: Die herrschende Klasse und ihre Gefolgsleute auf der einen Seite und die Arbeiterklasse auf der anderen Seite, mit verschiedenen Schichten dazwischen. Hinsichtlich gemeinsamer Interessen, Lebensstile und sogar Kultur im breiteren Sinne, was besonders im heutigen elektronischen Zeitalter gilt, hat die Arbeiterklasse in einem Land sehr viel mehr mit ArbeiterInnen anderer Länder gemein als mit ihren eigenen Herrschern. Der bürgerliche Nationalismus versucht diese Tatsache dadurch zu verschleiern, dass er betont, wir alle seien entweder französisch, englisch, deutsch etc. - egal ob wir in einem baufälligen Reihenhaus oder eine Villa leben, ob wir mit dem Bus oder einem Privathubschrauber reisen, ob wir untätig und arm von Stütze oder untätig und von Reichtum verwöhnt, von Aktien und Investitionen leben. Dieser nationalen Solidarität der Unterdrücker und Unterdrückten stellt der Marxismus die internationale Solidarität aller Unterdrückten gegen jede Form von Unterdrückung entgegen."[52]

Tatsächlich hören Jugendliche weltweit dieselbe Musik, begeistern sich junge Männer in Nigeria für englischen Fußball, kauften

Menschen von Japan über die Philippinen bis zur Tschechischen Republik im Dezember 2010 wie verrückt Michael Jacksons posthum veröffentlichtes Album „Michael", treffen sich alle bei facebook und kaufen bei H&M ein. Sogar den „Tatort" schauen MigrantInnen gerne – etwas, was Sarrazin von ihnen trotzdem einfordert.[53] Er hat nun einmal keine Ahnung, denn das Fernsehkonsumverhalten von MigrantInnen ist recht ausgewogen zwischen deutschen und nichtdeutschen Programmen.[54]

„Parallelgesellschaften" gibt es viele

Und kein Lohnabhängiger oder Erwerbsloser kann am Wochenende mal kurz nach Monaco fliegen, um dort im Spielcasino ein paar zehntausend Euro zu setzen, oder verbringt seinen Urlaub auf einer für hunderttausende Euro gemieteten Privatinsel in der Südsee. Die Reichen und Superreichen bilden zweifelsfrei eine Parallelgesellschaft, wenn man diesen Begriff bemühen will. Sie leben unter sich in feinen Wohngegenden, oftmals durch private Sicherheitsdienste geschützt. Sie feiern ihre eigenen Feste und kaufen nicht von der Stange. Während der deutsche Arbeiter morgens um sechs Uhr bei Daimler neben seinem türkischen Kollegen am Fließband steht, albanische und deutsche SchülerInnen ab acht die Schulbank drücken und die polnisch-deutsche Friseurin zwei Stunden später gemeinsam mit ihrer arabischen Auszubildenden den Friseursalon öffnet, liegen diese Damen und Herren noch im Bett und lassen hoch bezahlte Manager mit ihren Millionen spekulieren. Die "einfachen Leute" haben mit denen da oben verschwindend wenig gemeinsam, egal welcher Nationalität und Religion sie jeweils angehören. Die arabischen Scheichs, die sich Jahr für Jahr in Münchener Krankenhäusern als Privatpatienten behandeln lassen und in den Nobelgeschäften auf Shoppingtour gehen, werden von den Sarrazins aus ihrer Kritik an der Nichtanerkennung der deutschen Kultur ausgenommen, auch wenn ihre Frauen verschleiert durch die Fußgängerzone spazieren. Eine Krähe hackt der anderen kein Auge aus, egal welche Farbe das Gefieder hat.

Und natürlich gibt es viele „Parallelgesellschaften" in einem Staat. Christian Rath hat in der *taz* zurecht die Forderung erhoben, die

„Parallelgesellschaft", die die katholische Kirche in Deutschland bildet, einzuhegen: *„Die deutsche Justiz darf nicht länger vor den Ansprüchen der Kirchen 'kapitulieren', wie Sarrazin sagen würde - wenn es um den Islam ginge."*[55]

Die katholische Kirche hat nämlich das Recht, leitenden Mitarbeitern wegen Ehebruch zu kündigen, verweigert ihren Mitarbeitern das Streikrecht, und zwingt letztere unter ein von der Amtskirche selbst geschaffenes Mitarbeitervertretungsgesetz statt des Betriebsverfassungs- oder Personalvertretungsgesetzes!

Zweifellos bilden auch Fußballfans, KarnevalistInnen, EsoterikerInnen, KünstlerInnen, HinduistInnen und VeganerInnen „Parallelgesellschaften". Das betrachtet aber niemand als Problem, weil es für die „Gesamt-Gesellschaft" auch kein Problem darstellt, solange sich diese „parallelgesellschaftlichen" Gruppenzusammenhänge nicht so verhalten, das anderen geschadet wird. Die muslimische „Parallelgesellschaft" wird aus politischen Gründen zur Verursacherin von Missständen konstruiert – von denen, die davon ablenken wollen, dass Arbeitslosigkeit, Armut und Diskriminierung ganz andere Ursachen haben.

Es schadet übrigens auch niemandem, wenn Muslime die deutsche Sprache nicht sprechen – außer ihnen selber! Denn ihre Chancen auf dem Arbeits- und Wohnungsmarkt werden dadurch nur schlechter. Dessen ist sich auch die übergroße Mehrheit bewusst und schätzt deshalb das Erlangen der deutschen Sprache als sehr wichtig ein.

Die von der Bundesregierung mittlerweile angebotenen Integrationskurse werden auch sehr gut angenommen – so gut, dass ihr Angebot nicht ausreicht und sich im Dezember 2010 20.000 MigrantInnen in der monatelangen Warteschleife befanden.[56]

Allerdings wird hinsichtlich des Sprachproblems mit muslimischen MigrantInnen anders umgegangen, als mit MigrantInnen aus anderen Sprachräumen. Sineb El Masrar beschreibt in einem Interview ein Erlebnis, das so ähnlich heutzutage sicherlich kein Einzelfall ist. *„Ich habe zum Beispiel erlebt wie ein Mann mit Akzent in der U-Bahn leise telefonierte. Beim Aussteigen schrie ihm eine Frau hinterher: 'Lern erstmal Deutsch, du Affe!'"*[57]

So etwas geschieht weißen, englischsprachigen MigrantInnen wohl kaum, wie diese auch unter keinen gesellschaftlichen oder staatlichen Druck geraten, die deutsche Sprache zu erlernen. Viele leben jahrelang in Deutschland und kommen mit ihrem Englisch wunderbar über die Runden – niemand betrachtet das als Angriff auf die deutsche Lebensweise.

Kriminelle Ausländer?

Sarrazin behauptet auch, dass Muslime nicht nur überdurchschnittlich kriminell seien, sondern dass *„in Berlin 20 Prozent aller Gewalttaten von nur 1.000 türkischen und arabischen jugendlichen Tätern begangen [werden], eine Bevölkerungsgruppe, die 0,3 Promille der gesamten Berliner Bevölkerung stellt."*[58]

Diese Zahl, die von Sarrazin nicht belegt wird, soll vor allem Stimmung machen. Denn sie hat keinen statistischen Wert. Es ist davon auszugehen, dass generell alle Gewalttaten von einer sehr kleinen Bevölkerungsgruppe ausgeübt werden, denn die Mehrzahl der Menschen verhält sich weitgehend friedlich. Die Art der Kriminalität entspricht der sozialen Situation der Täter. Beschaffungskriminalität unter Drogenabhängigen, einfacher Raub in ärmeren Schichten, Wirtschaftskriminalität unter Kapitalisten und Managern. Natürlich gibt es unter männlichen Jugendlichen, die in schwierigen sozialen Verhältnissen aufwachsen, mehr Gewaltdelikte. Es wäre also interessant, wer für die restlichen achtzig Prozent der Gewalttaten verantwortlich ist. Wertvoll, um zu einer tatsächlichen Beurteilung der Fragestellung zu kommen, sind aber andere, umfassendere Statistiken. Die sagen zum Beispiel, dass bei jugendlichen Intensivtätern in Berlin unter den Nichtdeutschen nicht etwa Muslime an erster Stelle stehen, sondern Osteuropäer. Und an dritter Stelle Vietnamesen. Also gerade die Migrantengruppen, die von Sarrazin als besonders integriert präsentiert werden.[59]
Das spricht nicht gegen Osteuropäer oder Vietnamesen, aber gegen Thilo Sarrazin.

Eine Studie des Kriminologischen Instituts Niedersachsen (KIN) kam zu dem Ergebnis, dass es zwar bei zunehmender Religiosität einen **leichten** Anstieg der Gewalttaten gibt. Aber abgesehen davon, dass diese Feststellung noch nichts darüber aussagt, ob die Religiosität Ursache oder Wirkung ist, kommt die Studie zu der Schlussfolgerung, dass dieser Anstieg nicht signifikant ist und *„bei islamischen Jugendlichen von keinem mittelbaren Zusammenhang zwischen der Religiosität und der Gewaltdelinquenz auszugehen ist."*[60]

Niemand kann bestreiten, dass es in armen Stadtteilen mehr Gewalt gibt. Natürlich gibt es auch Jugendgangs, deren Zusammensetzung entlang ethnischer Linien verläuft, darunter aber eben auch deutsche Gangs. Dass sich türkische oder arabische Jugendliche zusammen schließen, ist zweifellos auch eine Reaktion auf Diskriminierungerfahrungen und fehlende Zukunftsperspektiven. Aber es ist reine Lügenpropaganda, wenn behauptet wird, als Deutscher könne man in Stadtteilen wie Berlin-Neukölln oder Köln-Kalk bei Dunkelheit nicht alleine die Straße entlang gehen. Ich habe fünf Jahre in Köln-Kalk gewohnt und wohne seit sieben Jahren in Berlin-Neukölln. Trotz meiner dunklen Haare und braunen Augen sieht man mir meinen Migrationshintergrund nicht unbedingt auf den ersten Blick an. Dumm angemacht wurde ich bisher nur von Rechtsradikalen und Betrunkenen unterschiedlicher Nationalität. Man sieht in diesen Gegenden viel Armut, Elend und sicher auch mehr Auseinandersetzungen auf der Straße. Übergriffe oder Bedrohungen habe ich nicht erlebt. Und sicherer als in den Stadtteilen mit einem höheren Anteil von Neonazis an der Bevölkerung fühle ich mich in Neukölln und Kalk allemal. Es gibt dort keine No-Go-Areas, wie es sie für AfrikanerInnen in so mancher sächsischen Kleinstadt gibt. Diese sind Propaganda-Konstruktionen – zum Beispiel von der „Deutschen Polizeigewerkschaft", die alles ist, nur keine Gewerkschaft. Diese hat im Mai 2010 eine Meldung veröffentlicht, nach der sich die Kölner Polizei nicht mehr in die Nähe der Kalker Post trauen würde. Eine unfassbare Lüge, denn nur einen Steinwurf entfernt vom Platz Kalk Post liegt das neue Kölner Polizeipräsidium und direkt gegenüber ein großes Einkaufszentrum. Auf dem Platz sitzen im Sommer ganz normale Menschen unterschiedlichster Nationalitäten vor dem Imbiss und essen Döner oder Currywurst – sogar Polizisten sollen dort schon beobachtet worden sein.

Wenn wir Sarrazins Behauptungen widerlegen, schließen wir nicht die Augen vor den Realitäten. Dieser Vorwurf wird von ihm und seinen Unterstützern gegenüber seinen GegnerInnen zwar immer wieder erhoben, er entbehrt aber jeder Grundlage.

Natürlich ist auch nicht alles, worauf Sarrazin hinweist, unwahr. Es gibt an immer mehr Schulen katastrophale Zustände, der Anteil von Migrantenkindern unter denen, die im Bildungssystem scheitern, ist groß, es gibt Eltern, die ihre Kinder vernachlässigen. Ebenso gibt es Gewalt - und in armen und migrantisch geprägten Stadtteilen wird diese logischerweise mehrheitlich von MigrantInnen ausgeübt. Dies hat aber ursächlich nichts mit der Nationalität oder dem Islam zu tun. Die erste Generation der muslimischen MigrantInnen, die noch in Deutschland lebt, ist zweifelsfrei schlechter „integriert" als die zweite und dritte Generation. Diese MigrantInnen sprechen meist schlechter Deutsch und sind religiöser. Sie kamen aus ländlichen, rückständigen Gebieten der Türkei und anderer Länder nach Deutschland, wurden hier Jahre ausgegrenzt und leben stärker unter ihren Landsleuten, als die jüngere Generation. Aber niemand wirft diesen Menschen vor, für Kriminalität verantwortlich zu sein. Gewaltbereitschaft, Kriminalität und andere Phänomene sind in erster Linie Ausdruck und Folge von sozialen Verhältnissen.

Die Demografie-Frage

Sarrazin sagt: *„Die Türken erobern Deutschland genauso, wie die Kosovaren das Kosovo erobert haben: durch eine höhere Geburtenrate."*[61]

Ganz abgesehen davon, dass diese Aussage auch für den Kosovo nicht stimmt (denn die so genannten Kosovo-AlbanerInnen leben seit Jahrhunderten dort), ist sie auf die Türken in Deutschland bezogen völliger Blödsinn.

Sarrazin präsentiert sich gerne als jemand, der nur objektive Statistiken präsentiert. Aber manche Zahlen sucht man in seinem Buch vergeblich. Er fordert ein Ende der Zuwanderung aus muslimischen Ländern und erweckt generell den Eindruck, als ob es eine Zuwanderung nach Deutschland gibt, die die Zusammensetzung der Bevölkerung nachhaltig verändert. Er erwähnt nicht, dass 2008 und 2009 weniger Menschen nach Deutschland eingewandert sind, als aus Deutschland ausgewandert sind. Es wanderten ein Viertel mehr Menschen in die Türkei aus, als aus der Türkei nach Deutschland kamen. Darunter nicht wenige AkademikerInnen und gut ausgebildete Fachkräfte, die in Deutschland schlechte Berufsperspektiven haben. Auch eine wachsende Zahl deutscher Staatsbürger wandert aus ähnlichen Gründen aus.[62]

Hinsichtlich der demografischen Entwicklung schreibt Sarrazin Entwicklungen linear fort, die man nicht linear fortschreiben kann. So stellt er fest, dass die Geburtenzahl in Deutschland zwischen der ersten Hälfte der 1960er Jahre und dem Jahr 2009 von 1,3 Millionen auf 650.000 sank. Dann behauptet er, dass dieser Trend anhalten wird (also der absolute Rückgang der Geburtenzahlen) und deshalb in neunzig Jahren die Geburtenzahl bei 200.000 bis 250.000 liegen wird. Formal logisch mag dieser Gedanke nachvollziehbar sein, aber er erfasst nicht die Realität. Denn setzt man diese Logik der stetig sinkenden Geburtenzahlen fort, dann würden irgendwann gar keine Kinder mehr in die Welt gesetzt – ein offensichtlich unsinniger Gedanke. Schließlich sinkt nicht die Fertilitätsrate, also die Zahl der Kinder pro Frau. Diese liegt seit Mitte der 1970er Jahre bei circa 1,5 (1995 bei nur 1,249 und 2008 bei 1,376 – wenn wir in Sarrazinscher Weise diese Steigerung als Trend verstehen und linear hochrechnen müssen sich die Deutschen irgendwann Sorgen um Übervölkerung machen). Aber die Geburtenrate ist gesunken, weil der Anteil der Frauen im gebärfähigen Alter an der weiblichen Gesamtbevölkerung kleiner wird, was wiederum mit der längeren Lebenserwartung der Menschen zu tun hat, die allgemein als etwas Positives betrachtet wird. Zum gesellschaftlichen Problem würde das erst, wenn die Entwicklung von Wissenschaft und Technik und die Produktivität mit diesem Anstieg der Lebenserwartung nicht Schritt halten würden, was aber nicht der Fall ist. Deshalb werden die Menschen in Deutschland seit Jahrhunderten immer älter und trotzdem immer reicher (zumindest potenziell, denn die ungleiche Verteilung des Reichtums schränkt das ein). Die Fertilitätsrate ist Folge sozialer und ökonomischer Entwicklungen. Sie sank drastisch nicht in den 1970ern, sondern Anfang des 20. Jahrhunderts, als die durchschnittliche Kinderzahl von circa fünf auf zwei pro Frau sank und ist Ausdruck der sich entwickelnden Industriegesellschaft, der steigenden Integration von Frauen in die Arbeiterklasse, und der daraus erwachsenden bewussteren Familienplanung. Eine qualitative Steigerung der Fertilitätsrate, wenn dies überhaupt wünschenswert wäre, müsste also tiefgreifende gesellschaftliche Veränderungen zur Folge haben: Zumindest soziale Sicherheit, öffentliche und kostenlose Kinderbetreuung, und ein hohes Arbeitsplatzangebot, um Menschen dazu zu bewegen, deutlich mehr Kinder zu zeugen. All das bietet der Kapitalismus nicht an - und wenn Sarrazin sich mit seinen politischen Vorschlägen durchsetzt erst recht nicht.

Für die Bevölkerungsentwicklung in Deutschland wäre daher eine Zuwanderung und, wenn es sie denn gäbe, eine höhere Geburtenrate unter MigrantInnen ein Mittel, um den Gesamtrückgang der Bevölkerung abzubremsen. Sarrazins Behauptung, MigrantInnen würden durch eine höhere Geburtenrate die Deutschen „verdrängen" ist aber nicht richtig. Tatsache ist, dass sich die Geburtenrate der zweiten und dritten Generation von MigrantInnen dem Durchschnitt anpasst.[63]

Die höhere Geburtenrate bei Nicht-AkademikerInnen hat auch nichts damit zu tun, dass die Unterschicht Kinder als Einnahmequelle für Hartz IV in die Welt setzt, sondern mit der einfachen Tatsache, dass AkademikerInnen aufgrund ihrer längeren Ausbildungsphase erst später und folglich häufiger auch weniger oder gar keine Kinder bekommen. In der DDR wurden Frauen in der Regel sehr viel jünger zur Mutter, weil die kürzeren Ausbildungszeiten und die Arbeitsplatzgarantie, sowie das gut ausgebaute Netz von Kindergärten, dies ermöglichten.

Sarrazin wärmt Eugenik auf

Sarrazin argumentiert – mal mehr, mal weniger deutlich – für Eugenik. Darunter wird eine Bevölkerungspolitik verstanden, die aktiv in die Fortpflanzungsentwicklung der Bevölkerung eingreift, um die positiv bewerteten Erbanlagen zu vergrößern und die negativ bewerteten Erbanlagen zu verringern.[64]

Sarrazin vermeidet zwar den Begriff der Eugenik, benutzt aber das Adjektiv "dysgenisch", was letztlich auf dasselbe hinaus läuft:

„Was ist geeignet, die Geburtenrate zu heben, und was ist geeignet, eine dysgenisch wirkende Geburtenstruktur zu verhindern? Der ausschließliche Beurteilungsmaßstab ist dabei die Wirksamkeit der Maßnahmen und die ihnen zugrunde liegende pragmatische Vernunft. Sie werden nicht danach bewertet, ob sie deutschen verfassungsrechtlichen Grundsätzen genügen. Besteht der politische Wille, eine vernünftige Maßnahme durchzusetzen, so wird sich ein Weg finden, sie verfassungsgerecht zu gestalten - notfalls, indem man die Verfassung ändert."[65]

Ganz nebenbei outet Sarrazin sich als Verfassungsfeind, der den Grundsatz der Gleichbehandlung von Menschen offen aufgeben will. Da seiner Meinung nach MigrantInnen und Angehörige der Unterschicht „schlechtere" Gene haben, will er eine Bevölkerungspolitik, die die Fortpflanzung der Oberschicht fördert und diejenige der armen Leute bremst. So schlägt er zum Beispiel eine Prämie von 50.000 Euro für jedes Kind, das vor Vollendung des 30. Lebensjahres der Mutter geboren wird, vor. Allerdings nur bei abgeschlossenem Studium, denn es soll ja nur die Fortpflanzung von dem gefördert werden, was er als intellektuelle Elite begreift.

Offen sagt er: *„Die Prämie – und das wird die politische Klippe sein – dürfte allerdings nur selektiv eingesetzt werden, nämlich für jene Gruppen, bei denen eine höhere Fruchtbarkeit zur Verbesserung der sozioökonomischen Qualität der Geburtenstruktur besonders erwünscht ist."*[66]

Für Kinder im System der Grundsicherung fordert Sarrazin eine Senkung derselben.

„Das Ziel aller Maßnahmen muss sein: Wer seinen Lebensunterhalt durch Arbeit verdient, soll durch Kinder nicht in Armut geraten. Wer aber vom Staat alimentiert wird, soll nicht dazu verführt werden, diese Unterstützung durch Kinder zu erhöhen."[67]

Denn Sarrazin ist davon überzeugt, dass Hartz-IV-Empfängerinnen Kinder bekommen, um dadurch Geld vom Staat zu kassieren.

Achim Bühl schreibt dazu:

„Eugenische Ideologeme sind essenzielle Kernbestandteile rassistischer Ideologie. Zu den Ideologomen der Eugenik zählen u.a. ein biologistisches Gesellschaftsverständnis, sozialdarwinistisches Gedankengut, der Glaube an die Ungleichheit konstruierter Menschenrassen, die Lehre von der ungleichen Wertigkeit menschlicher Individuen aufgrund ihres Genotyps, die Identifizierung der 'besser Veranlagten' mit den oberen Klassen, die Gegnerschaft von Hilfs- und Unterstützungsmaßnahmen für sozial Schwache, der Glaube an die Degeneration des 'genetischen Volkskörpers' in Richtung des Durchschnitts, die Diffamierung einzelner Menschen und Menschengruppen als Kostgänger, der Schutz der 'Volksgesundheit' vor 'genetischer Entartung' sowie die Propagierung apokalyptischer Bevölkerungsvisionen."[68]

All das sieht Bühl zurecht bei Sarrazin gegeben. Von der Einteilung der Menschen in Rassen bis zur apokalyptischen Bevölkerungsvision des aussterbenden deutschen Volks. Sarrazin bezieht sich positiv auf Francis Galton, dem Begründer der Eugenik. Diese wurde mit der Rassenhygiene der Nazis auf die Spitze getrieben, wo 375.000 Menschen zwangssterilisiert wurden, darunter 4.000 Blinde und Taube. Doch Zwangssterilisierungan fanden nicht nur bei den Nazis statt, sondern auch in kapitalistischen Demokratien wie Schweden und den USA, wo die letzte 1981 durchgeführt wurde.[69]

Sarrazins Nationalismus

Sarrazins „Sorgen" sind nationalistisch geprägt. Er macht keinen Hehl daraus, dass die Deutschen ihm wichtiger sind als das Überleben der Menschheit: *„Warum sollte uns das Klima in 500 Jahren interessieren, wenn das deutsche Gesellschaftsprogramm auf die Abschaffung der Deutschen hinausläuft"*[70] – nach uns die Sintflut!

Tatsächlich gibt es nichts Deutsches, dass man über Jahrhunderte konservieren könnte. Nicht einmal die deutsche Sprache. Denn das Deutsch, das vor einigen hundert Jahren gesprochen wurde, würde heute von den wenigsten verstanden. Gesellschaften und Nationen entwickeln und verändern sich. Zuwanderung und Vermischung haben dabei immer eine gewisse Rolle gespielt. Davon zeugen die vielen polnischen Namen von „deutschen" Fußballer-legenden oder Tatort-Kommissaren aus dem Ruhrgebiet. Auch Sarrazin selber betont gerne, dass er kein 'reinrassiger' Deutscher ist, und weist auf seine französischen, englischen und italieni-schen Vorfahren hin. Sein Name lässt noch weitere Vorfahren erahnen, denn er leitet sich von den Sarazenen ab – einem arabi-schen Volksstamm, deren Name früher als Schimpfwort für die muslimische Bevölkerung verwendet wurde. [71]

So wie die ganze Menschheitsgeschichte aus einem Prozess von Wanderungsbewegungen und Vermischungen von Völkern be-steht, so wird das auch in Zukunft sein. In Deutschland wird das dazu führen, dass es immer mehr Kinder geben wird, deren El-tern verschiedene ethnische Ursprünge haben. Es wird also so-wohl weniger „reine Türken" als auch weniger „reine Deutsche" geben, wobei diese Begriffe ohnehin unwissenschaftlich sind. Sar-razin fürchtet also nicht die Abschaffung Deutschlands, sondern die Veränderung Deutschlands hin zu einem Land, in dem die ar-beitende Bevölkerung nicht mehr anhand ihrer Herkunft getrennt und gespalten wird.

Ob man das gut oder schlecht findet, ergibt sich aus dem politi-schen Bewusstsein eines jeden. Objektiv stellt dieser Prozess je-denfalls keine Gefahr für niemanden dar. Der Austausch von Kul-turen und Erkenntnissen und die solidarische Kooperation zwi-schen Völkern und Menschen aus unterschiedlichen Volksgrup-pen und Religionsgemeinschaften kann jedenfalls das Wissen nur erweitern und dabei helfen, Probleme zu lösen. Sind Linke des-halb für Einwanderung?

Sarrazin behauptet:

„Eine in Deutschland verbreitete angebliche Liberalität mit häufig unbewuss-ter Sozialisation in der Tradition der Achtundsechziger findet jede Art von Bevölkerungspolitik anrüchig und jedweden Zuzug erst einmal gut."[72]

Aber darum geht es nicht. Das Motto des Kapitalismus ist: Gren-zen dicht für Menschen in Not – Grenzen auf für freien Kapital-verkehr, Verlagerung von Betrieben und Ausbeutung. Auch des-halb wird eine Schließung der Grenzen keine Arbeitsplätze sichern, denn die Ausnutzung der billigeren Arbeitskräfte in Osteuropa oder Asien wird von den Konzernen durch Verlagerungen weiter betrieben. Zuwanderung und Flüchtlingsströme sind ohnehin nicht zu verhindern. Solange es Kriege, Umweltkatastrophen, Armut und Hunger auf der Welt gibt, werden sich immer wieder Menschen gezwungen sehen, ihre Heimat zu verlassen und ihr Glück bzw. ihr Überleben in anderen Ländern zu suchen.

Die stereotype Frage des rechten Establishments „Wollt Ihr denn, dass die Armen der ganzen Welt hierhin kommen?" ist dreifach zu verneinen. Erstens wollen die Armen der Welt nicht hierhin, sie würden es vorziehen, in ihrer Heimat zu bleiben. Zweitens schaffen es die wenigsten der Armen der Welt bis nach Europa, die übergroße Anzahl der Flüchtlinge bleibt in Afrika und Asien. Drittens ist es nötig, dafür zu sorgen, dass sie nicht ihre Heimat, sondern ihre Armut verlieren. Es müssen also die Fluchtursachen statt der Flüchtlinge bekämpft werden.

Die Fluchtursachen bestehen auch in der Ausbeutung der südlichen Länder und Osteuropas durch die imperialistischen Staaten, in Unterdrückung durch vom Westen gestützte Regime und in Naturkatastrophen, gegen deren Folgen zu wenig unternommen wird.

Geschlossene Grenzen und entsprechend scharfe Kontrollen führen nur zu einem Boom für Schlepperbanden und zu Todesfällen bei riskanten Versuchen, die Grenze zu überqueren. Auch in den USA konnte die Mauer zwischen Kalifornien und Mexiko die fortgesetzte Zuwanderung aus Lateinamerika nicht stoppen. Illegale Einwanderer sind aufgrund ihrer Rechtlosigkeit besonders leicht zu erpressen und als Lohndrücker einzusetzen. Deshalb ist es im Interesse aller ArbeitnehmerInnen, dass alle hier lebenden Kolleginnen und Kollegen gleiche Rechte bekommen. Denn gleiche Rechte sind eine wichtige Voraussetzung gegen Spaltung und für gemeinsamen Widerstand.

Und gemeinsamer Widerstand ist genau die Form von Integration, die nötig und unterstützenswert ist. Eine Integration von deutschen und nichtdeutschen Lohnabhängigen, Erwerbslosen und Jugendlichen in einer gemeinsamen Bewegung gegen Sozialabbau, Niedriglöhne, Privatisierungen und Kapitalismus!

Islamfeindlichkeit als neuer Rassismus

Während Sarrazins Aussagen zum „Juden-Gen" auch von PolitikerInnen und JournalistInnen aus dem Establishment viel Widerspruch erfahren haben, erhält er für seine Thesen zur angeblichen Integrationsunwilligkeit von Muslimen aus denselben Kreisen Unterstützung. Damit treibt er nur eine Debatte voran, die ohnehin seit Jahren läuft und die das Bild des Islam und von Muslimen in der Öffentlichkeit mittlerweile nachhaltig prägt – und damit die Lebenssituation für Muslime (und Menschen aus islamisch geprägten Ländern) zum Negativen verändert hat.

Muslime und Menschen aus islamischen Ländern stehen heute unter vielfältigem Generalverdacht. Angeblich sind sie potenzielle Bombenleger, Frauenunterdrücker und Sozialschmarotzer, und die Kopftuch tragende Frau steht unter Zwang, Aufsicht und Kontrolle von Ehemann, Vater oder Bruder oder ist selber Fundamentalistin.

Sarrazin behauptet, eine „Zuwanderungs- und Integrationsproblematik" gebe es zu 95 Prozent mit MigrantInnen muslimischen Glaubens, zwei Seiten später spricht er dann von siebzig bis achtzig Prozent[73]. Mit Zahlen und Fakten nimmt er es ohnehin nicht so genau, aber die Botschaft seiner Aussage ist eindeutig: Die Muslime sind ein Problem, ja der wesentliche Faktor für die Probleme im Bildungswesen, auf dem Arbeitsmarkt, bei Gewaltkriminalität und bezüglich der von Sarrazin an die Wand gemalten Bedrohung von dem, was er als deutsche oder abendländische Kultur bezeichnet.

Er schreibt: *„Das westliche Abendland sieht sich durch die muslimische Immigration und den wachsenden Einfluss islamistischer Glaubensrichtungen mit autoritären, vormodernen, auch antidemokratischen Tendenzen konfrontiert, die nicht nur das eigene Selbstverständnis herausfordern, sondern auch eine direkte Bedrohung unseres Lebensstils sind."[74]*

Merkmale von Islamfeindlichkeit

In diesem Zitat stecken zwei wesentliche Merkmale islamfeindlicher Argumentationen. Zum einen wird der Islam von einem vermeintlich fortschrittlichen Blickwinkel kritisiert, indem er als „autoritär", „vormodern" und „antidemokratisch" bezeichnet wird. Im Hinblick auf die Stellung der Frau gibt es eine starke und aggressive Islamfeindlichkeit aus einer bürgerlich-feministischen Richtung, für die Alice Schwarzer stellvertretend ist. Tatsächlich findet sich Kritik am Islam beziehungsweise der Lebensweise von Muslimen, die zum Teil das Ausmaß von Islamfeindlichkeit annimmt, in verschiedensten Teilen der nichtmuslimischen Bevölkerung - deutsch wie nichtdeutsch. Und inklusive der politischen Linken: als Reaktion auf eine Vorankündigung dieses Buches erhielten wir eine Email, in der die Herausgabe eines „Anti-Sarrazin" scharf kritisiert wurde - mit dem Hinweis darauf, dass in den „linken Kreisen" des Absenders viele von Sarrazins Thesen auf Unterstützung treffen. So genannte „antideutsche" Gruppen haben sich in den letzten Jahren zu militanten IslamhasserInnen entwickelt, IslamkritikerInnen wie Necla Kelek haben Thilo Sarrazins Buch auf öffentlichen Veranstaltungen propagiert. Kelek nennt Sarrazins Buch einen *„Befreiungsschlag"* und unterstützt ihn in der *„Unmöglichkeit, zwischen Islam und Islamismus zu unterscheiden"*.

Sie schreibt: *„Ich definiere den Islam nicht nur als Glauben, sondern als eine politische Ideologie und ein gesellschaftliches System: ein System, das die Trennung von Religion und Staat, also die Säkularität und die Aufklärung, verleugnet, das die vertikale Trennung von Männern und Frauen praktiziert, das heißt Frauen diskriminiert. Durch den Versuch, das System der Scharia, die religiöse Normsetzung, neben oder über das säkulare Recht zu stellen und zu leben, ergibt sich ein anderes Welt- und Menschenbild, ergeben sich andere Werte und Normen, die zu einer generellen Integrationsunwilligkeit großer Teile der muslimischen Gesellschaft geführt haben."*[75]

Zum anderen benennt Sarrazin durch die Begrifflichkeit „unser Lebensstil" eine „Wir"-Gruppe, die nicht definiert wird. Es ist aber offensichtlich, wen Sarrazin mit „Wir" meint, nämlich alle, die nicht Muslime sind und sich der deutschen Kultur, was auch immer das ist, zugehörig fühlen. Damit wird ein Keil in die in

Deutschland lebende Bevölkerung getrieben, um die eigentlichen Trennlinien in der Gesellschaft zu verbergen. Man muss sich nur einmal fragen, ob der Lebensstil des deutsch-christlichen Daimler-Arbeiters oder der atheistischen Krankenpflegerin tatsächlich mehr mit dem Lebensstil des ebenso deutsch-christlichen oder atheistischen Millionärs gemeinsam hat oder nicht doch mit dem muslimischen Kollegen oder Nachbarn. Doch dazu an anderer Stelle mehr (siehe Kapitel 4).

Islamfeindlichkeit zeichnet sich unter anderem durch zwei Dinge aus: erstens durch die Gleichsetzung der Religion Islam mit politischen Strömungen, dem so genannten politischen Islam oder islamischen Fundamentalismus, die die Religion für politische Zwecke instrumentalisieren. Zweitens durch ein hohes Maß an Pauschalisierungen und der Weigerung, die Vielfältigkeit und Komplexität der Lebensrealität von Muslima und Muslimen anzuerkennen. Wenn man bedenkt, dass nur fünf Prozent der Muslime in der Bundesrepublik Mitglied einer islamischen Organisation sind, wird deutlich, dass die Religion für die große Mehrheit gar keine zentrale Rolle in ihrem Leben einnimmt.[76]

Sineb El Masrar hat letzteres in ihrem Buch „Muslim Girls" aus der Perspektive einer Muslima so ausgedrückt: *„In der Regel wird nicht **mit** uns geredet, sondern gerne **über** uns. Wenn uns dann jemand nicht wieder **in** Frage, sondern **eine** Frage stellt, dann sind das Fragen meist dieser Art: Kannst du islamisch sprechen? Würdest du deine Tochter auch beschneiden? Darfst du hier im Schwimmbad überhaupt schwimmen? Bist du schon jemandem versprochen? Wurde dein Mann von deiner Familie ausgesucht? Haben deine Eltern kein Problem damit, dass du hier im Ausland arbeitest? Oder ganz kreativ: Gehst du auch mit Kopftuch unter die Dusche? (...)*
Eine andere Frage lautet, warum ausgerechnet Muslimas, deren Eltern aus den entlegensten und rückständigsten Ecken Marokkos, Pakistans oder der Türkei gekommen sind, sich Jahre später im freien Deutschland für das Tragen eines Kopftuchs oder – der absolute Horror! – einer 'Burka' entscheiden. Was ist da nur in unserer Erziehung schiefgegangen? Wer hat uns das Gehirn gewaschen? Aber was ist, wenn nicht wir diejenigen sind, denen das Gehirn gewaschen worden ist? Denn wie kommt jemand auf solch brillante Fragen? Die, die solche Fragen formulieren, haben ja meist gar keinen oder

nur flüchtigen und einseitigen Kontakt mit uns. Das vorherrschende Bild von uns wird von Meinungsmachern aus Politik und Medien mit schnellen Pinselstrichen auf eine Leinwand gemalt, mit Farben, die alles andere als bunt sind. (...) Diese Bilder sind mittlerweile in den Köpfen so fest verankert, dass es manchem gar nicht mehr gelingt sich davon zu trennen."[77]

Solche Bilder werden durch Medien gemalt, die Berichte über MigrantInnen mit Bildern Kopftuch tragender Frauen illustrieren, oder die wie das Nachrichtenmagazin DER SPIEGEL ihre Titelseiten zum Thema Islam in der Regel mit Bildern und Schlagzeilen versehen, welche Gewaltbereitschaft, Frauenunterdrückung und kulturelle Differenzen assoziieren. Ebenso dadurch, dass bei Berichterstattungen über Kriminalität meistens auf den migrantischen Hintergrund des Täters hingewiesen wird, wenn es denn einen solchen gibt. Als im Dezember 2010 bei einer Auseinandersetzung zweier Jugendgangs in Berlin-Wittenau ein Beteiligter getötet wurde, fiel auf, dass darauf verzichtet wurde, bei Opfer und Täter auf die Nationalität hinzuweisen. Das Opfer war Türke, der Täter Deutscher.[78]

El Masrar hat in Bezug auf Sarrazin auch mit einer anderen Beobachtung Recht – denn dieser hat mit Türken nach eigener Aussage nur indirekten Kontakt, schreibt also über die Einstellungen, Denk- und Lebensweise einer Gruppe von Menschen, mit denen er nicht einmal selber spricht. Auf die Frage *„Hatten Sie jemals etwas mit Türken zu tun?"*, antwortete er in einem Interview mit der türkischen Tageszeitung Hürriyet: *„Ich hatte indirekt etwas mit der Ausbildung von Türken zu tun. Meine Frau ist Lehrerin und übte ihren Beruf in Köln aus. Ein Großteil ihrer Schüler waren Türken."[79]*
Abgesehen davon, dass es viel über die so genannten Volksvertreter in einer kapitalistischen Demokratie aussagt, wenn diese nur indirekten Kontakt zu einer wichtigen Bevölkerungsgruppe haben, gibt Sarrazin tatsächlich zu, KEINEN Kontakt zu Türken jemals gehabt zu haben. Seine Aussage ist vergleichbar mit der berühmten Werbung der Ehefrau eines Zahnarztes für Zahnpflegeprodukte ....

„Die sind anders als wir" ist die Botschaft, die allenthalben vermittelt werden soll. Dass verschiedenste Studien darauf hinweisen, dass

die Unterschiede zwischen Muslimen und Nichtmuslimen in Deutschland erstens geringer und zweitens komplexer sind, wird dabei übergangen.

Muslime als Bedrohung

Vor allem wird suggeriert, dass von Muslimen eine Bedrohung ausgeht. Wenn der Berliner Innensenator Körting im Rahmen der Warnungen vor terroristischen Anschlägen im Herbst 2010 sagt, man solle Nachbarn, die sich auffällig verhalten und in arabischer oder einer anderen Sprache sprechen, die man nicht versteht, melden, so ist das ein offensichtlicher Fall von Generalverdacht gegenüber der arabischen Bevölkerung.[80] Körtings Aussage wurde durch seine am nächsten Tag folgende Relativierung, er hätte vor Waffen und verdächtigen Paketen warnen wollen, nicht besser. Dass er Muslime unter Verdacht stellt, machte er auch in seiner Klarstellung deutlich: *„Das gilt im Übrigen auch für die Moslems in der Hauptstadt. Wer in einer Moschee ein verdächtiges Gespräch mitbekommt, der soll sich sofort bei den Sicherheitsbehörden melden."*[81]

Wenn der CSU-Generalsekretär Dobrindt in einer Rede über die GegnerInnen der Atomkraft und von Stuttgart 21 mit den Worten herzieht, diese müssten sich nicht wundern, wenn morgen ein Minarett in ihrem Vorgarten steht, dann ist das zwar von einer so unfassbaren Dummheit, dass man dazu geneigt ist, verzweifelt den Kopf zu schütteln ob der Tatsache, dass solche Menschen in einer Regierungspartei hohe Posten bekleiden können (was nun wirklich Sorgen über einen intellektuellen Verfall der Deutschen berechtigt erscheinen lässt). Aber auch das sind wohlkalkulierte Schreckensbilder, die den Islam als eine überall (sogar im Vorgarten von Atomkraftgegnern!) lauernde Bedrohung darstellen sollen.[82]

Achim Bühl hat in seiner Studie *Islamfeindlichkeit in Deutschland* ausgeführt, dass Islamfeindlichkeit kein neues Phänomen ist, sondern eine Kontinuitätslinie im Christentum seit den Kreuzzügen im elften Jahrhundert existiert. Dieser interessante Umstand hilft zweifelsohne dabei, den Charakter und die genaue Ausprägung der heutigen Islamfeindlichkeit besser zu verstehen. Trotzdem ist es gerechtfertigt, die Islamfeindlichkeit als einen neuen Rassismus zu bezeichnen, der insbesondere nach dem Wegfall des Ost-West-Gegensatzes zwischen der kapitalistischen Welt und den nichtkapitalistischen bürokratischen Diktaturen der Sowjetunion und des Ostblocks zugenommen und nach den Terroranschlägen auf das World Trade Center am 11. September 2001 eine neue Qualität erreicht hat.

In der aktuellen Debatte gibt es verschiedene Aspekte, die dominieren, auch wenn sie letztlich nur Teilbereiche der allgemeinen Islamfeindlichkeit sind. Dabei handelt es sich unter anderem um das Tragen des Kopftuchs, den Bau von Moscheen beziehungsweise Minaretten, die so genannten „Ehrenmorde" und den islamistischen Terrorismus. Auf diese Fragen gehen wir in diesem Kapitel ein. Andere von Sarrazin den Muslimen angehängten Dinge – Kriminalität, Bildungsferne, Sozialschmarotzertum etc. – werden in den nächsten Kapiteln behandelt.

Der Umgang mit islamischer Geschichte

Ein zusätzlicher Aspekt ist der Umgang mit islamischer Geschichte beziehungsweise der Verzicht auf einen Umgang damit. Sarrazin versucht sich in seinem Buch auch als Historiker und reitet auf sechs Seiten vom alten Ägypten in die Moderne. Islamische Geschichte kommt nur in einem Halbsatz vor. Er schreibt, das oströmische Reich sei Opfer der Islamisierung des Orients geworden. Kein Wort über die ökonomischen, sozialen und wissenschaftlichen Errungenschaften, die mit der Ausdehnung des Islams einher gingen.

Achim Bühl weist darauf hin, *„dass die 'europäische Kultur' zutiefst durch den islamischen Einflussbereich geprägt und ohne ihn nicht denkbar ist, dass der Islam bereits seit Jahrhunderten integraler Bestandteil 'Europas' ist"*, und betont die Rolle des maurischen (islamischen) Spaniens ab dem 11. Jahrhundert bei der Rettung des Erbes und der Weiterentwicklung der griechischen Philosophie, Mathematik und Medizin. Letzteres wurde auch in der populären Literatur durch Noah Gordons „Der Medicus" einem breiteren Publikum bekannt. Doch generell wird in deutschen Schulen und Universitäten kaum über große arabische Mediziner wie Abu Bakr Muhammad ibn Zakariya ar-Razi oder Mohammed al Gafequi, den „Marco Polo Marokkos" Ibn Battuta oder den Mathematiker Al-Chwarizmi gelehrt. Von den Errungenschaften arabisch-muslimischer Wissenschaft und Kultur zeugen viele Worte, die arabischer Herkunft sind, wie Algebra, Alkohol, Konditorei, Chemie, Gitarre und viele mehr.[83]

Claus Ludwig geht auf die Rolle des Islam bei der ökonomischen Weiterentwicklung der Gesellschaft ein:

„Der Koran formulierte die Interessen der aufsteigenden Händlerklasse. Allah war der einzige Gott für alle Stämme und Völker, weil der Handel einen allgegenwärtigen Gott brauchte, der nicht willkürlich handelt, sondern allgemein verbindliche Regeln festlegt. Die Scharia war in dieser Phase der sozialen Entwicklung keine Ansammlung grausamer Bestrafungen, sondern ein in sich geschlossenes Rechtssystem mit, soweit dies in einer Klassengesellschaft möglich ist, rechtlichen Garantien für Alle. Große Teile der Stämme und Völker in Nordafrika und dem Nahen Osten schlossen sich der muslimischen Gemeinschaft freiwillig an. Islamische Regierung und Rechtssystem erschienen als Garantie für Handel, ökonomischen Aufschwung und sozialen Aufstieg."[84]

Unerwähnt bleibt in der Debatte über den Islam zumeist auch, dass in der Blütezeit der islamischen Gesellschaften in diesen eine verhältnismäßig ausgeprägte offene Kultur der Debatte und des Meinungsstreits herrschte und religiöse Minderheiten, wie Christen und Juden, weitaus bessere Lebensbedingungen hatten als die religiösen Minderheiten im christlichen Mittelalter . Allein der Unterschied des Umgangs der christlichen Kreuzritter nach ihrer Eroberung Jerusalems mit den muslimischen und jüdischen BewohnerInnen mit dem Umgang der muslimischen Streitkräfte Saladins nach der Rückeroberung Jerusalems im Jahr 1187 sollte jedem, der über die vermeintlichen Vorzüge der abendländisch-christlichen Kultur spricht, zu denken geben: die Kreuzritter richteten ein schreckliches Blutbad an, während Saladins Truppen niemanden abschlachteten und sich die Christen mittels Lösegeld freikaufen konnten.[85]

Die Rolle der Frau

Sineb El Masrar schreibt in Muslim Girls:

„Ja, es gibt sie. Die Muslim Girls, die von ihren Eltern schlechter als ein Hund behandelt werden. Die mit niemandem sprechen, mit niemandem Kontakt halten dürfen und am besten immerfort schweigen sollen. Es gibt Ehemänner, die ihre Braut aus dem Heimatland einfliegen lassen und wie eine unterwürfige Haussklavin halten, weil ihre Mütter ihnen das von Kindesbeinen an eingetrichtert haben und sie ihre Macht später gleich mit an dem unschuldigen Ding ausleben können.

Es gibt Frauen, die die Schläge ihrer Väter, Brüder und Ehemänner nicht mehr aushalten und Hilfe in einem Frauenhaus suchen. Mädchen, die eben noch mit ihrer Puppe Kaffeekränzchen gespielt haben und im nächsten Moment im Flieger nach Mali oder Somalia neben ihrer Mutter sitzen, um einer Genitalverstümmelung unterzogen zu werden.

Und ja, es gibt kleine Mädchen, die von ihren Eltern gezwungen werden, gegen ihren Willen ein Kopftuch zu tragen. Es gibt auch Mädchen, die zur Ehe mit einem völlig Fremden mitten in Deutschland genötigt oder im Namen der 'Ehre' erschossen werden."[86]

Diejenigen so genannten IslamkritikerInnen, die aus diesen von El Masrar beschriebenen Realitäten ihre pauschale Islamfeindlichkeit und ihren antimuslimischen Rassismus ableiten, werfen ihren KritikerInnen oft vor, die Augen vor diesen Dingen zu verschließen. Das ist aber nur der Versuch, einer wirklichen Debatte aus dem Weg zu gehen. Denn die Vorschläge dieser selbst ernannten FrauenrechtlerInnen helfen den real betroffenen muslimischen Frauen nicht. Denn die Realität ist komplexer. Zu ihr gehört auch eine wachsende Zahl von Muslimas, die ohne äußere Zwänge das Kopftuch anlegen - und die Tatsache, dass aus den Worten des Koran weder Kopftuchzwang noch so genannte Ehrenmorde herauszulesen sind.

El Masrar schreibt dementsprechend:

„Aber: Hatten wir etwa zwei verschiedene Koranversionen? Ich kann mich nicht erinnern, dass man Menschen gegen den eigenen Willen heiraten soll oder eine Frau im Namen irgendeiner Schafhirtenehre auf offener Straße er-

schießen darf. Werden die Heuchler nicht immerwährend im heiligen Buch der Muslime ermahnt?

Können wir tatsächlich nur selbstbewusste, moderne und glückliche Menschen sein, wenn wir uns von unserer Religion abwenden und zum Christentum konvertieren oder an gar keinen Gott glauben? Sind tatsächlich alle Muslime hinterwäldlerische, pädophile, frauenverachtende und gewaltbereite Irre, die sich in die Luft sprengen, um ins Paradies zu kommen?

Liegen die Gründe für Gewalt gegen Frauen womöglich gar nicht in der Religion, sondern in der Psychologie der Täter? Denn wie sonst kann man erklären, dass derartige Gewalttaten in jeder Kultur, in jeder Religionsgemeinschaft, in jeder sozialen Schicht, in jeder Nation, in jedem Viertel und in jeder Gemeinde existent sind?"[87]

Tatsächlich ist die Gewalt gegen und die Unterdrückung von Frauen ein Ausdruck gesellschaftlicher Verhältnisse, so wie auch die jeweilige Religion nicht frei von den gesellschaftlichen Verhältnissen existiert, sondern ihre konkrete Ausformung und Rolle ein ebensolcher Ausdruck gesellschaftlicher Verhältnisse ist.

„Die heutige Rolle des Islams ist Produkt des ökonomischen Zurückbleibens der arabischen und muslimischen Länder gegenüber dem europäischen und später amerikanischen Kapitalismus; sie ist untrennbar verbunden mit dem Aufkommen des Imperialismus und der Aufteilung der Welt durch die führenden imperialistischen Länder."[88]

Es ist Ausdruck der gesellschaftlichen Verhältnisse, dass der Islam heute in wirtschaftlich weniger entwickelten Gesellschaften eine größere und reaktionärere Rolle spielt. Das galt für das Christentum in früheren Zeiten auch. Nicht der Katholizismus oder der Protestantismus haben die Gesellschaft verändert, sondern beide sind aus gesellschaftlichen Veränderungen entstanden bzw. mussten sich solchen anpassen, um nicht völlig in der Bedeutungslosigkeit zu versinken. In rückständigeren Gesellschaften, also solchen, in denen es keine starke Arbeiter- oder Frauenbewegung gibt, in denen die Wissenschaften keine große Rolle spielen und das allgemeine Bildungsniveau relativ niedrig ist, spielen die christlichen Religionen auch heute noch eine größere Rolle und haben eine reaktionärere Ausprägung als in Westeuropa. In Nigeria kommt es vor, dass AnhängerInnen des Katholizismus verunglückte Kinder nicht in ein Krankenhaus bringen, sondern sie in der Hoffnung auf ein Wunder Gottes in einer Kirche auf den Altar legen – und die Priester schicken die Eltern nicht ins Krankenhaus. Und an den Orten, an denen der kirchliche Einfluss auch in entwickelten Industriestaaten groß ist – in Klöstern, Kirchengemeinden, Internaten – herrschen meistens „antidemokratische, autoritäre und vormoderne Tendenzen" vor. Oder ist die katholische Kirche etwa demokratisch aufgebaut, der Papst antiautoritär und das Verhältnis der katholischen Kirche zu Verhütung, Abtreibung und Homosexualität modern?

Der rückständige Inhalt einer Religion, ob Islam oder Katholizismus, wirkt sich gesellschaftlich also entsprechend der Rückständigkeit der ökonomischen und sozialen Verhältnisse aus. Aufgrund der Diskriminierung von MigrantInnen und Muslimen und aufgrund der Tatsache, dass MigrantInnen auch durch ihre Herkunftsländer geprägt sind, werden Traditionen und Denkweisen, die Ausdruck der Rückständigkeit der Herkunftsländer sind, nach Deutschland importiert – dies liegt jedoch nicht zuletzt in der Verantwortung jahrzehntelanger imperialistischer Dominanz, für die das kapitalistische Deutschland mitverantwortlich ist.

Die Benachteiligung der Frau ist Produkt einer jahrtausendealten gesellschaftlichen Macht- und Arbeitsteilung. Sie hat verschiedenste ideologische Rechtfertigungen erfahren – religiöse unterschiedlicher Couleur, pseudowissenschaftliche, politische. Viele derjenigen IslamkritikerInnen, die sich als Verteidiger der Frauenrechte aufspielen, stützen selber an anderer Stelle die Diskriminierung der Frau - seien es CDU-Politiker, die die Rolle der Mutter als Stütze der Familie predigen und somit den Platz der Frau an Heim und Herd direkt oder indirekt propagieren, oder solche Verteidiger des Kapitalismus, die die strukturelle Lohndiskriminierung von Frauen nicht thematisieren.

Gewalt gegen Frauen und so genannte „Ehrenmorde"

Betrachtet man die Frage von Gewalt gegen Frauen, so wird schnell deutlich, dass es sich dabei um kein Problem des Islam handelt. Gewalt gegen Frauen ist weltweit allgegenwärtig. Selbst die so genannten „Ehrenmorde" sind kein islamisches Phänomen, sondern eine Erscheinung feudal-patriarchalischer Gesellschaften. Laut einem Bericht der Vereinten Nationen aus dem Jahr 2000 kommt es jährlich zu circa 5.000 so genannten „Ehrenmorden". Dies geschieht aber nicht nur in islamischen Ländern, sondern auch in Brasilien, Indien und Italien. Der gemeinsame Nenner ist hier nicht die Religion, sondern das vorherrschende Frauenbild, das natürlich auch durch Religionen bzw. deren Interpretation vermittelt wird.

In der Bundesrepublik Deutschland fanden im Jahr 2009 über 7.000 Vergewaltigungen und sexuelle Nötigungen statt; 15 Prozent aller Frauen werden in ihrem Leben Opfer von sexueller Gewalt. Über fünfzig Prozent der getöteten Frauen werden von einem Verwandten umgebracht. Generell ist für Frauen in Deutschland die eigene Wohnung der gefährlichste Ort. Würde man darauf mit Sarrazinschen Pauschalisierungen reagieren, sollte man jeder Frau raten, keine heterosexuellen Beziehungen mit Männern einzugehen.

Was bei Muslimen als „Ehrenmord" bezeichnet wird, ist bei nichtmuslimischen Deutschen eine „Familientragödie". Auch wenn diese Fälle nicht gleichzusetzen sind, sind sie doch vergleichbar, denn es gibt in der Sichtweise des Täters durchaus Parallelen. Denn auch der von der Frau betrogene oder verlassene nichtmuslimische Ehemann fühlt sich erniedrigt, in seiner Ehre verletzt und sieht seine Macht oder zumindest seine Rolle als Mann in Frage gestellt. Die Reaktion, die Frau zu schlagen oder gar zu töten – ob sie nun aus der traditionellen islamischen Lebensweise oder aus einer traditionellen bürgerlichen Ehe ausbrechen will – ist dieselbe.

Das Gesagte soll Gewalt gegen Frauen in muslimischen Familien nicht relativieren, sondern im Gegenteil darauf hinweisen, dass Gewalt gegen Frauen in allen Religionsgemeinschaften und Nationalitäten ein akutes Problem ist und bekämpft werden muss. Gleichzeitig muss Sarrazins Behauptung zurück gewiesen werden, dass der Mörder von Hatun Sürücü, die im Februar 2005 Opfer eines so genannten „Ehrenmordes" wurde, „Repräsentant einer breiten Meinungsrichtung unter Muslimen" sei. Diese Aussage wird durch nichts belegt und sie kann sich nicht einmal auf islamische Rechtsvorstellungen stützen, denn selbst die Scharia sieht in so genannten „Ehrenmorden" ein Verbrechen. Denn auch nach der zweifellos rückschrittlichen islamischen Rechtsauffassung dürfen nur Gerichte Recht sprechen und nicht Väter, Brüder oder Onkel.

Eine Studie der Bertelsmann Stiftung von Dezember 2010 weist außerdem daraufhin, dass unter MigrantInnen sogar eine größere Ablehnung des traditionellen Mutterbilds besteht als unter Deutschen (unter Muslimen und Deutschen ist das Ergebnis gleich). Interessanterweise sehen 41 Prozent der Männer mit Migrationshintergrund Hausarbeit als gemeinsame Aufgabe von Mann und Frau an, während das nur 35 Prozent der Nichtmigranten so sehen.[89]

Die Kopftuchfrage

Auch die Kopftuchfrage ist weitaus komplexer, als die BefürworterInnen eines Kopftuchverbots sie darstellen. Nachdem in verschiedenen Bundesländern ein Kopftuchverbot für Lehrerinnen eingeführt wurde, wird nun verstärkt ein solches Verbot auch für Schülerinnen gefordert. Das wird dann als Maßnahme gegen Frauendiskriminierung präsentiert. Hinzu kommen Forderungen nach einem generellen Verbot der Ganzkörperverschleierung in Form der Burka, welche auch das Gesicht verhüllt. Tatsächlich jedoch steckt hinter diesen Forderungen antimuslimischer Rassismus und sie führen zu keiner Verbesserung der Lebenssituation von Migrantinnen.

Für Thilo Sarrazin drückt das Tragen des Kopftuchs niemals nur Religiosität aus, sondern er sieht es als *„Zeichen dafür, dass der Islam eine gesellschaftspolitische Dimension jenseits der Religion hat"* und als Bekenntnis zu *„einer traditionellen Interpretation des Islam."*[90]

Pauschal setzt er es auch mit einer Anerkennung der Unterordnung der Frau unter den Mann gleich. Alice Schwarzer geht weiter: Sie vergleicht das Kopftuch mit dem Judenstern und rückt jede Kopftuch tragende Frau in die fundamentalistische Ecke.[91]

Die Argumente der Verbotsbefürworter zeichnen sich durch Pauschalisierungen aus. Die Logik ist: Entweder werden Frauen zum Tragen des Kopftuchs gezwungen oder sie sind fundamentalistische Muslima. Damit ist die Forderung nach einem Kopftuchverbot Teil der Diskriminierung und Ausgrenzung der muslimischen Bevölkerung. Sarrazin sagt in seinem Buch unverblümt, er wolle nicht, dass die Frauen in Deutschland ein Kopftuch tragen.

Historisch betrachtet sind weder Schleier noch Kopftuch religiöse Symbole. Der Schleier ist nicht einmal eine spezifisch islamische Tradition, sondern wurde zu tragen begonnen lange bevor Mohammed den Islam begründete. Angefangen bei sumerischen Tempelpriesterinnen vor 5.000 Jahren über das vorislamische Persien bis zu jüdischen und christlichen Traditionen trugen Frauen aus verschiedenen Gründen verschiedene Arten der Verschleierung.

Ruksana Mansur von der 'Sozialistischen Bewegung Pakistans' schreibt dazu: *„Es ist eine historische Tatsache, dass der Schleier ein Brauch und keine religiöse Verpflichtung ist. Er ist eine jahrhundertealte Stammes- und Feudaltradition, die nun zu einem Teil einer Religion geworden ist."*[92]

Tatsächlich gab es weder zu Mohammeds Zeiten eine obligatorische Verschleierung muslimischer Frauen noch wird diese im Koran gefordert. Vielmehr übernahmen Muslime mit der Ausbreitung der Religion regionale Traditionen. Interessanterweise finden sich jedoch in der Bibel Stellen, die auf einen Zwang zur Verschleierung von Frauen hinweisen. In der Lutherbibel (Genesis 24,65) muss Rebekka sich verschleiern, als sie ihrem zukünftigen Gatten Isaak begegnet.[93]

Das Kopftuch war in vielen Gesellschaften ein traditionelles Kleidungsstück. Auch in Deutschland haben bis in die 1950er Jahre viele Frauen, vor allem Bäuerinnen, ein Kopftuch getragen. Meine jugoslawische Großmutter, weder gläubige Katholikin noch Muslima, sondern antifaschistische Partisanin, habe ich selten ohne Kopftuch gesehen. Bei körperlicher Arbeit auf Feldern und bei heißem Wetter hatte das Kopftuch einen praktischen Sinn.

Die Motivation, das Kopftuch anzulegen, ist heute vielfältig. Während es zweifellos Frauen gibt, die durch Väter oder Ehemänner dazu gezwungen werden, ist davon auszugehen, dass in Deutschland die Mehrzahl von ihnen diese Entscheidung freiwillig getroffen hat – wobei Freiwilligkeit nicht absolut zu verstehen ist, da sie im Rahmen von gesellschaftlichen Normen, Traditionen und mehr oder weniger direkt geäußerten Erwartungshaltungen im sozialen Umfeld stattfindet. Aber die Entscheidungen von deutschen oder christlichen Frauen, sich die Beine zu rasieren oder Diäten durchzuführen, um im Bikini eine „gute Figur" zu machen, basieren auf einer ähnlich relativen Freiwilligkeit.

Für viele Muslima ist das Kopftuch nicht nur ein Zeichen ihrer Religiosität, sondern ein Symbol kultureller Identität, nicht selten auch für eine Abgrenzung von einer Gesellschaft, die sie als rassistisch und sexistisch wahrnehmen. Es ist für viele ein Mittel, Selbstbewusstsein als Migrantinnen zum Ausdruck zu bringen. Das Bild der Kopftuch tragenden Frau als unterdrückte und unselbstständige Muslima könnte falscher nicht sein. Gerade unter den gebildeteren Muslima ist das Kopftuch weiter verbreitet. 71 Prozent der muslimischen Kopftuchträgerinnen ist es wichtig, in ihrem Leben etwas zu erreichen.[94]

Natürlich ist das Kopftuch auch ein Symbol für eine männerdominierte Religionsgemeinschaft, und die Ablehnung des Kopftuchs durch viele Frauen aus muslimischen Ländern ist gerechtfertigt, gerade aufgrund der Erfahrungen in frauenfeindlichen Diktaturen wie in Saudi-Arabien und im Iran, wo Schleier bzw. Kopftuch gesetzlich vorgeschrieben sind und Frauen keinerlei Wahl haben. Aber gegen das Kopftuch zu sein, bedeutet nicht automatisch, für ein Verbot einzutreten, so wie gegen das Kopftuchverbot zu sein auch nicht bedeutet, das Kopftuch in dieser Symbolik zu unterstützen. Niemand fordert das Verbot der Lederhose, weil sie als Symbol für reaktionäre Deutschtümelei oder bayrischen Separatismus interpretiert werden kann.

Ruksana Mansur weist darauf hin, dass *„die politische und religiöse Rechte das Thema in ihrem eigenen Interesse ausnutzen. Die einen fordern Frauen auf, den Schleier abzulegen, während die anderen die Frauen dazu zwingen wollen, es zu tragen."*[95]

Als SozialistIn sollte man gegen das Kopftuch- und Burkaverbot sein, egal wo. Und für das Recht eines jeden Menschen, selber zu bestimmen, was er oder sie für eine Kleidung trägt. Das bedeutet auch, dass SozialistInnen aktiv gegen den Zwang, das Kopftuch zu tragen, eintreten und Frauen dabei helfen sollten, sich gegen entsprechende Zwänge zu organisieren und zu wehren.

Kopftuchstreit, „Ehrenmord"-Debatte und die Situation von Muslimas im allgemeinen werden von den selbst ernannten IslamkritikerInnen in einer Art und Weise geführt, die ein pauschales Bild höchster Unterdrückung von muslimischen Frauen zeichnet.

Achim Bühl zitiert in seinem Buch einen muslimischen Sketch, der das auf den Punkt bringt:

„Erste Szene: Eine Frau mit Kopftuch sitzt im Auto hinten, ein Mann fährt. Ein Vertreter der so genannten Mehrheitsgesellschaft: 'Selber fahren dürfen die wohl nicht.' Zweite Szene: Eine Frau mit Kopftuch fährt, ein Mann sitzt daneben. Ein Vertreter der Mehrheitsgesellschaft: 'Jetzt lassen die sich auch noch fahren'. Dritte Szene: Eine Frau mit Kopftuch sitzt vorne neben ihrem Mann, der fährt, eine Frau ohne Kopftuch sitzt hinten. Ein Vertreter der Mehrheitsgesellschaft: "Jetzt kommen die auch noch mit mehreren Frauen."[96]

Dieser Sketch macht deutlich, dass die Lebensrealität muslimischer Frauen komplex ist und eine konkrete Auseinandersetzung mit Diskriminierung, Benachteiligung und Unterdrückung nötig ist – statt pauschaler Verurteilungen, die zu Forderungen nach Kopftuchverbot oder ähnlichem führen.

Hilfe für diskriminierte Frauen muss anders aussehen. Ein Kopftuch- oder Burkaverbot würde diejenigen Frauen, die zum Tragen desselben gezwungen werden, ohnehin nur weiter von der Gesellschaft isolieren. Die Frauen, die es freiwillig tragen, wären durch ein Verbot nur von ihrer Freiheit befreit, also unterdrückt und diskriminiert. Frauen, die tatsächlich häuslicher Gewalt, Zwang und Unterdrückung ausgesetzt sind, brauchen vor allem gut bezahlte Arbeitsplätze, um wirtschaftlich selbstständig zu sein, und ausreichende Angebote an Beratungsstellen und Frauenhäusern, in denen die Betreuung auch in türkischer, arabischer und anderen Sprachen stattfindet.

Moscheen und Minarette

Ein weiteres Thema, das in den letzten Jahren im Zusammenhang mit der Islamfeindlichkeit in Europa zunehmend heiß debattiert wird, ist der Bau von Moscheen und Minaretten.

In der Schweiz hat die rechtspopulistische Schweizerische Volkspartei (SVP) erfolgreich einen Volksentscheid zum Verbot des Baus von Minaretten angestrengt – in einem Land, in dem es ganze vier Minarette gibt! In verschiedenen deutschen Städten haben rechtspopulistische Kräfte versucht, AnwohnerInnen gegen den Bau von Moscheen aufzuhetzen, so geschehen in Berlin-Heinersdorf oder Köln-Ehrenfeld.

Jedes Bauprojekt kann in einer Nachbarschaft zu Konflikten führen, denn es verändert die Lebenssituation der AnwohnerInnen möglicherweise zum Negativen. Angefangen bei Lärm- und anderen Belästigungen in der Bauphase über möglicherweise erhöhtes Verkehrsaufkommen bis zur Veränderung der Sozial- und Mietstruktur sind viele Konfliktpotenziale denkbar. Nicht jede Kritik an einem Moscheebau muss daher antimuslimisch motiviert sein. Es kommt aber auch vor, dass solche raumbezogenen Konflikte vorgeschoben werden, um die antimuslimisch und rassistisch motivierte Ablehnung eines Moscheebaus zu kaschieren.

Die Auseinandersetzung um den Bau von Moscheen ist ein *"symbolischer Anerkennungskonflikt"*[97]

Über Jahrzehnte hatten Muslime ihre Moscheen in Hinterhöfen gebaut und auf repräsentative Bauten verzichtet. Dies sicher auch, weil die meisten mit der Perspektive lebten, Deutschland wieder zu verlassen. Der Bau repräsentativer Moscheen ist ein Signal von Teilen der muslimischen Bevölkerung, dass sie gedenken, in Deutschland zu bleiben. Der Umgang damit steht also für die Akzeptanz dieses Vorhabens und ist direkter Ausdruck der so genannten Integrationsbereitschaft etablierter deutsch-christlicher Kräfte. Aus politischen oder religiösen Gründen gegen den Bau einer Moschee zu sein bedeutet, die Religionsfreiheit zu missachten und Muslime auszugrenzen.

In den Argumentationen von Moscheebau-GegnerInnen vermischen sich die Gleichsetzung von Islam mit politischem Islam (und letzterer oftmals mit Gewalt und Terror) und ein kulturalistischer Rassismus, der den Islam als etwas Fremdes und nicht zu Deutschland gehörendes betrachtet. Der Schriftsteller Ralph Giordano drückt das aus, wenn er den Moscheebau in Köln-Ehrenfeld als einen sichtbaren „Machtanspruch" bezeichnet, den er mit einer *„Landnahme auf fremdem Territorium"* gleichsetzt. Fremdes Territorium? Seit Anfang der 1960er Jahre wurden Muslime gezielt als Arbeitskräfte nach Deutschland geholt und leben hier. Fünf Jahrzehnte! Mal ganz abgesehen davon, dass die erste Moschee schon 1924 in Berlin-Wilmersdorf errichtet wurde.

Mit dem Bau von Moscheen sollte nicht anders umgegangen werden als mit anderen privaten Bauprojekten. Soziale, ökologische, verkehrstechnische und andere Folgen müssen geprüft und im Interesse der Allgemeinheit gelöst werden. Es muss sicher gestellt werden, dass auf der Baustelle Tariflöhne gezahlt und entsprechende Arbeitsbedingungen eingehalten werden. Aber das Recht, ein Gotteshaus zu bauen, muss für AnhängerInnen aller Religionsgemeinschaften gleich gelten.

Das bedeutet wiederum nicht, dass man sich zum Fürsprecher eines Moscheebaus machen muss, wenn man das Recht auf den Bau einer Moschee verteidigt. Einige Linke und AntirassistInnen, die zum Beispiel in Köln-Ehrenfeld gegen die Anti-Moschee-Kampagne der rechtsextremen Vereinigung ProKöln aktiv waren, haben das Kind mit dem Bade ausgeschüttet, als sie begannen, Parolen für den Moschee-Bau zu formulieren und diesen aktiv zu propagieren.

Ein Beispiel hierfür ist eine Erklärung des LINKE-Ortsvereins Ehrenfeld. In dieser heißt es: *„Wir betrachten den Bau der Moschee an der Venloer Straße als einen städtebaulichen und menschlichen Gewinn für unseren Stadtteil, als ein Zeichen für ein weltoffenes und tolerantes Köln, ohne damit die Illusion zu verbinden, dass hiermit alle Probleme gelöst seien."*[98]

Natürlich drückt der Bau neuer großer und repräsentativer Moscheen nicht nur Religionsfreiheit aus, sondern auch den wachsenden Einfluss der islamischen Religion unter Muslimen in Deutschland. Im konkreten Fall der Kölner Moschee betrifft dies die konservative türkische Religionsgemeinschaft DITIB, die ein Ableger der staatlichen türkischen Religionsbehörde ist und keinen fortschrittlichen Charakter hat. Dieser Umstand ist sehr wohl kritisch zu betrachten, denn er hat letztlich Folgen für das Potenzial des gemeinsamen Kampfes von Deutschen und Nichtdeutschen gegen Sozialabbau, Mieterhöhungen und Arbeitsplatzvernichtung, für die Lage der Frau in der muslimischen Bevölkerung und für die Möglichkeit, die Arbeiterklasse entlang religiöser und nationaler Linien zu spalten. Das gilt aber ebenso für das Wachstum anderer Religionen oder esoterischer Vorstellungen. Sie alle tragen dazu bei, die Trennlinien in der Bevölkerung nicht zwischen den Klassen, sondern zwischen den Religions- oder Kulturgemeinschaften zu ziehen. Sie alle fördern eine Akzeptanz der bestehenden gesellschaftlichen Verhältnisse und die Suche nach Problemlösungen im Individuum oder im Jenseits und bremsen so den Kampf für soziale Verbesserungen und Gleichheit im Diesseits. Und es wäre völlig falsch, nur dem Islam eine politische Dimension zuzuschreiben oder nur ein Wachstum von islamischem Fundamentalismus festzustellen. Schon zu Beginn der 1990er Jahre hat der Soziologe Gilles Kepel ein Wachstum des religiösen Extremismus[1] unter verschiedenen Religionsgemeinschaften beschrieben.[99]

Ein Blick auf Israel und die ländlichen Gebiete der USA reicht, um eine Zunahme von christlichem und jüdischem Fundamentalismus zu sehen. Auch dies ist zweifelsfrei Folge der immer dramatischer werdenden gesellschaftlichen Krise und Perspektivlosigkeit.

Und auch die katholischen und evangelischen Kirchen in der Bundesrepublik machen Politik, direkt oder indirekt. In den Weihnachtsmessen 2010 wurde von den Kanzeln im ganzen Land gegen die Präimplantationsdiagnostik (PID) gepredigt. Noch deutlicher wird der politische Einfluss christlicher Religionsgemeinschaften in den USA oder Brasilien, wo diese sogar wesentlichen Einfluss auf Präsidentschaftswahlen nehmen können. Trotzdem muss unterschieden werden zwischen den Religionen und den religiösen Institutionen, die in der Regel Teile der herrschenden Klassen und Eliten repräsentieren und Einfluss auf politische Entscheidungen nehmen. Der Kampf gegen den reaktionären

Einfluss religiöser Institutionen, gleich welcher Glaubensrichtung, darf nicht als Kampf gegen die Gläubigen und ihren Glauben geführt werden. Denn dies würde das Trennende betonen und im Zweifelsfall die Gläubigen umso mehr in die Arme religiöser Institutionen treiben.

Imperialismus und islamischer Fundamentalismus

Genau das geschah nach dem 11. September hinsichtlich der Wirkung des so genannten „Kriegs gegen den Terror" und der weltweit von den Herrschenden betriebenen Kampagne gegen den Islam. Sineb El Masrar behauptet, dass nach dem 11. September unter vielen Muslimen eine intensivere Beschäftigung mit dem Islam eingesetzt habe, die zu der Erkenntnis führte, dass der Koran keine Gewalt und keinen Terror predigt und deren Wirkung eine Stärkung des Glaubens war. Die junge marokkanische Autorin führt keine Belege für diese These an, spricht aber wahrscheinlich aus eigener Erfahrung. Und es ist nachvollziehbar, dass Muslime angesichts einer islamfeindlichen Kampagne und der Ausweitung imperialistischer Aggression gegen ihre Heimatländer – und aufgrund des Fehlens einer starken linken politischen Alternative - mit einer Hinwendung zum Islam reagieren, als einem Mittel, sich eine gemeinsame Identität und kollektive Verteidigungsmöglichkeit gegen die Angriffe zu schaffen.

Betrachtet man das Verhältnis der herrschenden Klassen in den westlichen kapitalistischen Staaten zu islamisch-fundamentalistischen Kräften über die letzten Jahrzehnte, so stellt man schnell fest, dass es den Regierenden in den USA, Großbritannien und Deutschland nicht um Demokratie oder Frauenrechte geht, sondern um Einflusssphären, Macht, Zugang zu Rohstoffen und Profite.
Das fundamentalistische Regime in Saudi-Arabien ist seit vielen Jahrzehnten ein Partner des Imperialismus. In Saudi-Arabien gilt das islamische Recht der Scharia, demokratische Rechte gibt es nicht, Frauen sind weitgehend entrechtet.
Es ist jedoch noch keine Bombe über Riad abgeworfen worden und es gibt auch keine Pläne des CIA für einen „Regime Change" – schließlich ist das saudische Königshaus folgsam und es lassen sich mit ihm gute und sichere Geschäfte machen.

Osama bin Laden und die Taliban sind Monster, die die USA mit geschaffen haben. Als 1979 in Afghanistan eine linksgerichtete, an der Sowjetunion orientierte Regierung ins Amt kam und begann, die feudalen und kapitalistischen Strukturen des Landes abzuschaffen, organisierte und finanzierte die CIA zusammen mit dem pakistanischen Geheimdienst ISI den islamisch-fundamentalistischen Widerstand. Im Kampf gegen die Ausweitung des sowjetischen Einflussgebietes war ihnen jedes Mittel und jeder Bündnispartner recht. Als nach dem Zusammenbruch der stalinistischen Staaten deutlich wurde, dass Teile der islamistischen Kräfte sich gegen die fortgesetzte Ausbeutung und Dominanz ihrer Länder durch den westlichen Imperialismus wendeten, ersetzte der Westen das Feindbild Sowjetunion und „Kommunismus" durch die „Achse des Bösen" und rückte den Islam als Quelle von Terror und Gewalt in den Mittelpunkt seiner Propaganda.

Das wiederum verstärkte einen Prozess, der spätestens seit der Iranischen Revolution von 1979 und der dortigen Machtergreifung der islamischen Theokratie eingesetzt hatte – dem Wachstum islamistischer Strömungen als Ausdruck anti-imperialistischer Stimmungen unter den arabischen und anderen muslimischen Massen.

Dieser Prozess war widersprüchlich, denn er war auch Ausdruck des bewussten Versuchs, einen rechten, pro-kapitalistischen Gegenpol gegen linke, sozialistische, antiimperialistische Bewegungen zu schaffen. Dieser Versuch ging so weit, dass der Staat Israel den Aufbau der Hamas unterstützte, um einen Gegenpol zur linksgerichteten Palästinensischen Befreiungsorganisation (PLO) zu schaffen und die palästinensische Bewegung zu spalten.[100]

Im Iran war die Machtergreifung der Mullahs unter Ayatollah Khomeini in Wirklichkeit keine Revolution, sondern eine pro-kapitalistische Konterrevolution gegen den Aufstand der iranischen ArbeiterInnen und verarmten Massen, der 1979 die Frage der Verstaatlichung der Wirtschaft und der Errichtung einer „Republik der Armen" auf die Tagesordnung setzte und mit der Bildung der „Schoras" (Arbeiterräte) die Möglichkeit einer sozialistischen Arbeiterrevolution real machte. Die Mullahs besiegelten zwar das Ende der Schah-Dynastie und des ungehinderten Zugriffs des US-Imperialismus auf das Land, retteten aber den Kapitalismus vor einer sozialen Revolution. Dies war ihnen nur möglich, indem sie einigen sozialen Forderungen nachgaben (wie der Verstaatlichung der Ölindustrie) und indem sie eine starke antiimperialistische Rhetorik anwandten.[101]

Der islamische Fundamentalismus ist in den Händen arabischer Eliten ein Versuch, einerseits eine soziale Basis in der eigenen Bevölkerung zu erlangen, diese aber andererseits zu disziplinieren und so im besten Fall eine gewisse Bewegungsfreiheit gegenüber dem Imperialismus zu erlangen. In den Händen der verarmten Massen ist der Fundamentalismus Ausdruck der Hoffnung auf Befreiung von imperialistischer Dominanz und Ausbeutung, von Besetzung und Entwürdigung in den palästinensischen Gebieten und von einer Gesellschaft mit mehr sozialer Gleichheit. Hinzu kommt, dass islamische Institutionen in vielen Ländern einen großen Teil der Gesundheits- und Bildungsinfrastruktur übernommen haben, nachdem sich der Staat durch neoliberale Maßnahmen immer mehr daraus zurück gezogen hat. Letzteres ändert nichts am grundlegend reaktionären und arbeiterfeindlichen Charakter des rechten politischen Islam, macht aber deutlich, dass islamistische Kräfte wie die Hisbollah im Libanon sehr wohl unter einen Druck geraten können, soziale und sogar „linke" Rhetorik anzuwenden. Dies konnte man in den letzten Jahren immer wieder beobachten, wenn die Hisbollah einerseits mitverantwortlich für neoliberale Wirtschaftspolitik als Teil der libanesischen Regierung war, andererseits aber im Widerstand gegen die militärischen Angriffe der israelischen Armee sogar einen Bezug zu Ché Guevara in ihrer Propaganda herstellte.

Gleichzeitig kann es den Spielraum für die Entwicklung eines linksgerichteten politischen Islam geben, wie es ihn schon in der Vergangenheit gab oder in Lateinamerika – mit der Theologie der Befreiung im Rahmen des katholischen Glaubens – als ähnliches Phänomen existiert.

Der Aufstieg des rechten politischen Islam in den letzten Jahrzehnten ist ein Produkt der imperialistischen Dominanz und Ausbeutung der Länder des Nahen Ostens und anderer muslimisch geprägter Regionen. Deshalb ist der islamistische Terror eine Reaktion auf die Politik der westlichen kapitalistischen Mächte, und diese tragen selber eine wesentliche Verantwortung dafür. Der Krieg gegen den Terror verstärkt deshalb auch nur den Terror beziehungsweise die Terrorgefahr. Das kann täglich im Irak und in Afghanistan beobachtet werden. Der sofortige Abzug aller fremden Truppen aus dem Irak und Afghanistan, die Beendigung der Ausbeutung von Rohstoffvorkommen und Arbeitskräften, die Zahlung von Kompensationen für jahrzehntelange Ausbeutung, die Gewährung demokratischer und gewerkschaftlicher Rechte in den von ausländischen Firmen dominierten Bereichen und ähnliche Maßnahmen wären die einzig wirksamen Maßnahmen, um den rechten politischen Islam und den Terrorismus zurück zu drängen. Solche Maßnahmen jedoch werden die kapitalistischen Mächte, deren Interesse ausschließlich in Macht und Profit liegt, niemals ergreifen. Dazu müssen sie gestürzt und durch sozialistische Arbeiterregierungen ersetzt werden - im kapitalistischen Westen und in den arabischen und muslimischen Staaten. Um dies zu erreichen, ist der (Neu-)Aufbau einer demokratischen, multiethnischen, konfessionsübergreifenden und sozialistischen Arbeiterbewegung zwingende Voraussetzung.

Sozialismus und Religion

Das Scheitern der sozialdemokratisch und stalinistisch geprägten Arbeiterbewegungen und der bürgerlich-nationalen Befreiungsbewegungen in der zweiten Hälfte des 20. Jahrhunderts war eine weitere wesentliche Voraussetzung für den Aufstieg des rechten politischen Islam. Die Geschichte dieser Bewegungen ist gleichzeitig Beleg für die Tatsache, dass weder die kulturellen Traditionen unveränderlich sind noch es andere, zum Beispiel genetische, Faktoren gibt, die auf den Charakter der muslimischen Bevölkerungen einen unveränderlichen Einfluss nehmen würden. Linke und säkular-nationalistische Bewegungen haben im 20. Jahrhundert in vielen muslimischen Ländern eine große Massenbasis erlangt und den Einfluss islamischer Traditionen und Institutionen zurück gedrängt. In Ländern wie Sudan, Irak, Iran gab es kommunistische Parteien mit Millionenanhang. Auch bürgerlich-nationalistische Kräfte wie die PLO in den Palästinensergebieten, Nassers Kräfte in Ägypten oder die Baath-Parteien in verschiedenen Ländern waren stark. Die Kommunisten hätten in verschiedenen Ländern die Macht ergreifen können, wenn sie nicht eine falsche Politik der Zusammenarbeit mit bürgerlich-kapitalistischen Kräften betrieben und auf die Durchführung einer sozialistischen Revolution verzichtet hätten. Diese Unentschlossenheit und Unfähigkeit, die dann in vielen Ländern zur Errichtung arbeiterfeindlicher Diktaturen führte, untergrub die Autorität der Kommunistischen Parteien. Der Zusammenbruch der Sowjetunion und der anderen stalinistischen Staaten 1989-91 versetzte diesen Parteien dann in vielen Ländern den politischen Todesstoß. Das hinterließ ein Vakuum, in das die Islamisten vordringen konnten. Dieser Zusammenhang weist aber vor allem darauf hin, dass der von den westlichen kapitalistischen Staaten betriebene Imperialismus den Massen der neo-kolonialen Welt, zu der die muslimischen Länder gehören, keine Zukunftsperspektive bieten kann. Die täglichen Erfahrungen der breiten Mehrheit der Bevölkerung in diesen Ländern sind Elend, Unterdrückung, Ausbeutung und Krieg. Der Imperialismus produziert durch die Ausbeutung dieser Länder selber die Terroristen, die er dann mit Maßnahmen zu bekämpfen vorgibt, die nur bewirken, mehr Muslime in die Arme der Terroristen zu treiben, weil diese scheinbar die einzigen Kräfte sind, die einen konsequenten Kampf gegen den Imperialismus führen. Der rechte politische Islam kann nicht durch einen Kampf gegen den Islam als Religion zurück gedrängt werden, sondern dadurch, dass denjenigen ArbeiterInnen und Armen, die sich in den Glauben flüchten, eine Perspektive für ein würdiges Leben im Diesseits aufgezeigt wird. SozialistInnen sollten deshalb nicht einen ideologischen bzw. philosophischen Kampf gegen die Religion in den Mittelpunkt ihrer Tätigkeit gegenüber gläubigen ArbeiterInnen und Jugendlichen stellen, sondern den gemeinsamen Kampf von ArbeiterInnen und Jugendlichen unterschiedlicher und ohne Konfession für Arbeitsplätze, gute Löhne, soziale Sicherheit, würdigen Wohnraum, demokratische Rechte etc.

Karl Marx schrieb: *„Die Religion ist der Seufzer der bedrängten Kreatur, das Gemüt einer herzlosen Welt, wie sie der Geist geistloser Zustände ist. Sie ist das Opium des Volks. Die Aufhebung der Religion als des illusorischen Glücks des Volkes ist die Forderung seines wirklichen Glücks: Die Forderung, die Illusionen über seinen Zustand aufzugeben, ist die Forderung, einen Zustand aufzugeben, der der Illusion bedarf."*[102]

SozialistInnen betrachten die Religion als ein Produkt gesellschaftlicher Zustände. Sie kann nur überwunden werden, wenn die gesellschaftlichen Zustände, deren Produkt sie ist, überwunden werden. Das beinhaltet, Religion als Privatsache zu betrachten und die Abkehr vom Glauben nicht als eine Bedingung für den gemeinsamen Kampf zur Verbesserung der irdischen Zustände aufzustellen. Das beinhaltet aber auch, nicht auf die philosophische Kritik an der Religion und ihren Auswirkungen zu verzichten - und vor allem nicht auf den Kampf gegen reaktionäre, pro-kapitalistische Religionsbewegungen, wie den rechten politischen Islam oder die katholische Kirche. Sie alle drücken nur die Interessen privilegierter Eliten und Wirtschaftsmächte aus.

Lenin sagte dazu:

„Unserem ganzen Programm liegt eine wissenschaftliche, und zwar die materialistische Weltanschauung zugrunde. Die Erläuterung unseres Programms schließt daher notwendigerweise auch die Klarlegung der wahren historischen und ökonomischen Quellen des religiösen Nebels ein. Es wäre unsinnig zu glauben, man könne in einer Gesellschaft, die auf schrankenloser Unterdrückung und Verrohung der Arbeitermassen aufgebaut ist, die religiösen Vorurteile auf rein propagandistischem Wege zerstreuen. Es wäre bürgerliche Beschränktheit, zu vergessen, dass der auf der Menschheit lastende Druck der Religion nur Produkt und Spiegelbild des ökonomischen Drucks innerhalb der Gesellschaft ist."[103]

Das bedeutet jedoch nicht, sich reaktionären Kräften des rechten politischen Islam anzupassen, weil sie sich antiimperialistisch präsentieren. Und es bedeutet auch nicht, die Verteidigung der religiösen Rechte von Muslimen damit zu verwechseln, eine 'pro-muslimische' Politik zu betreiben und dabei einen internationalistischen Klassenstandpunkt zu verlassen. Solche Fehler haben nicht wenige Linke gemacht, die aus einem falsch verstandenen Antiimperialismus heraus nicht nur keine Kritik an reaktionären islamistischen Organisationen wie der Hamas oder auch an dem iranischen Regime formulieren, sondern diese als Bündnispartner im Kampf gegen Krieg und Imperialismus betrachten. Eine solche Herangehensweise verkennt, dass es unter Muslimen und in allen Religionsgemeinschaften, auch wenn sie einer spezifischen Diskrimierung ausgesetzt sind, unterschiedliche soziale Schichten und Klassen gibt. Während SozialistInnen als konsequente GegnerInnen jeder Form von antimuslimischer Diskriminerung agieren müssen, dürfen sie nicht davor zurück schrecken, auch Konflikte mit Teilen der muslimischen Bevölkerung einzugehen, wenn es um Fragen der Frauenrechte oder um soziale Fragen geht. Vor allem aber müssen sie zu jeder Zeit versuchen, das Klassenbewusstsein zu stärken und den gemeinsamen Kampf von deutschen und nichtdeutschen, muslimischen und nichtmuslimischen ArbeiterInnen, Jugendlichen und Erwerbslosen zu propagieren und praktisch voranzutreiben.

Arbeit, Bildung und Soziales – Sarrazins wahres Gesicht

Die öffentliche Debatte um Sarrazins Buch dreht sich vor allem um seine Aussagen zu Migration und angeblich genetisch bedingter Intelligenz. Diese sind jedoch nur die ideologische Begleitmusik zu seinem eigentlichen Auftrag. Als Vertreter des kapitalistischen Establishments ist sein Buch vor allem eine Kampfschrift für weiteren Sozialabbau, Lohnverzicht und Eliteförderung im Bildungswesen. Mit seinen gesellschaftspolitischen Ideen erinnert er an Aussagen der ehemaligen britischen Premierministerin Margaret Thatcher an, die als 'eiserne Lady' aufgrund ihrer radikalkapitalistisch-arbeiterfeindlichen Politik des Abbaus von Sozialleistungen und Gewerkschaftsrechten in die Geschichte einging. Thatcher sagte 1987:

„Ich denke, dass wir durch eine Periode gekommen sind, in der zu vielen Leuten vermittelt wurde, es sei die Aufgabe der Regierung, ihre Probleme zu lösen. (…) Sie laden ihre Probleme bei der Gesellschaft ab. Aber wissen Sie, es gibt nicht so etwas wie Gesellschaft. Es gibt Männer und Frauen und es gibt Familien."[104]

Bei Sarrazin klingt das dann pseudowissenschaftlich verbrämt so:

„Aus der soziologisch richtigen aber banalen Erkenntnis, dass in der Gesellschaft alles mit allem zusammenhängt, hat sich eine Tendenz entwickelt, alles auf die gesellschaftlichen Verhältnisse zu schieben und so den Einzelnen moralisch und weitgehend tatsächlich von der Verantwortung für sich und sein Leben zu entlasten."[105]

Wie Sarrazin angesichts von drakonischen Bedürftigkeitsprüfungen und Sanktionsdrohungen für EmpfängerInnen von Arbeitslosengeld II auf diese Idee kommt, bleibt sein Geheimnis. Politisch ist seine Kernaussage: Jeder Mensch ist für seine Situation selber verantwortlich. Sind er oder sie arm und arbeitslos, dann aus eigenem Verschulden, aufgrund von genetisch bedingter Dummheit oder aufgrund von Faulheit. Sarrazins These der Eigenverantwortung für die persönliche Lebenssituation führt direkt zu seiner Absage an den Gedanken von Solidarität und gesellschaftlicher Verantwortung für die Schwachen im Gemeinwesen. Daraus ergeben sich seine Forderungen nach weiterem Sozialabbau, Lohndumping, Elitebildung, aber auch seine Verachtung vor ArbeiterInnen und Erwerbslosen.

Diese Verachtung hat Sarrazin in seiner Amtszeit als Berliner Finanzsenator nicht nur einmal zum Ausdruck gebracht. Von ihm stammen so zynisch-menschenverachtende Aussagen wie *„Wenn man sich das anschaut, ist das kleinste Problem von Hartz-IV-Empfängern das Untergewicht."* Er wartete auch mit Vorschlägen auf – und verteidigt sie in seinem Buch – was Langzeitarbeitslose gegen Kälte machen sollen, und nannte diese Aussage *„wohlüberlegt"*: *„Wenn die Energiekosten so hoch sind wie die Mieten, werden sich die Menschen überlegen, ob sie mit einem dicken Pullover nicht auch bei 15 oder 16 Grad Zimmertemperatur vernünftig leben können."* Der Gipfel war sein Ernährungsplan für Hartz-IV-EmpfängerInnen, mit dem er nachzuweisen behauptete, dass man sich von 4,25 Euro pro Tag ausreichend nahrhaft ernähren kann.[106]

Das ging sogar dem CDU-Mann Heiner Geißler zu weit, der Sarrazins Ernährungsplan untersuchte und zu dem Ergebnis kam:

„Mit dieser vom Finanzsenator als ausreichend befundenen Kalorienmenge von durchschnittlich 1550 kcal täglich leiden selbst die untätigsten Arbeitslosen nach vier Wochen an Unterernährung. Nach den Referenzwerten der Deutschen Gesellschaft für Ernährung beträgt die notwendige Energiezufuhr für Männer zwischen 25 und 50 Jahren bei ausschließlich sitzender Tätigkeit schon 2400 kcal; läuft der betreffende Mensch noch herum, z.B. zur Jobagentur, braucht er leicht über 3000 kcal. Im Übrigen verschweigt der Senator souverän, dass Kinder nur für 2,28 Euro etwas zum Essen bekommen dürfen. Das Deutsche Forschungsinstitut für Kinderernährung hat aber ausgerechnet, dass für einen Jugendlichen 4,70 Euro das Minimum sind."[107]

Als ehemaliger Finanzsenator im Berliner Senat trägt Sarrazin Mitverantwortung für massiven Stellenabbau im öffentlichen Dienst und den Bruch der Tarifverträge durch den Senat, der zu massiven Lohnsenkungen für Beschäftigte des öffentlichen Dienstes führte.

In seinem Buch setzt er noch eins drauf und nennt den ALG-I-I-Regelsatz „anstößig" hoch, verteidigt Niedriglöhne und wettert gegen den Mindestlohn, spricht sich gegen Ausgabensteigerungen im Bildungswesen aus, predigt soziale Ungleichheit als Antriebsfeder zur Leistungsbereitschaft, fordert die Absenkung der Grundsicherung um dreißig Prozent und die Einführung von Zwangsarbeit für Erwerbslose ohne jeglichen Zuschlag auf das Arbeitslosengeld II (was auch eine Art ist, die Abschaffung der Ein-Euro-Jobs zu fordern). Macht man dabei nicht mit, soll man aus der gesetzlichen Krankenversicherung rausgeworfen werden.

Arbeitslosigkeit

Arbeitslosigkeit gibt es nach Sarrazinscher Logik nur aufgrund zu hoher Löhne. Er schreibt:

„Auf Dauer aber schafft sich jedes Arbeitsangebot grundsätzlich seine Nachfrage, solange es sich tatsächlich um ein Arbeitsangebot handelt, bei dem der Grenznutzen für den Nachfrager höher ist als der Lohnsatz."[108]

Das bedeutet nichts anderes, als dass nur solche Arbeitskräfte eine Beschäftigung finden, die für die Arbeitgeber profitabel eingesetzt werden können. „Grenznutzen" steht hier für „Profit". Das ist allerdings eine Binsenweisheit, denn kein Unternehmer beschäftigt jemanden und zahlt dabei drauf. Das Verhältnis von Lohnarbeit und Kapital besteht darin, dass Lohnarbeiter nur einen Teil der von ihnen geschaffenen Werte in Form von Lohn erhalten, während ein weiterer Teil von den Unternehmern privat angeeignet und durch den Verkauf der Waren in Profit verwandelt wird. Ohne Profiterwartung für die Kapitalisten gibt es im Kapitalismus natürlich keine Arbeitsplätze. Das Problem im Kapitalismus liegt woanders: die Kapitalisten müssen die produzierten Waren gewinnbringend verkaufen. Gelingt dies, steigern sie ihr Kapital, für das sie dann neue gewinnbringende Anlagemöglichkeiten finden müssen. Funktioniert das nicht, kommt es zu Überproduktion (es wird mehr produziert als verkauft werden kann) und zu Überkapazitäten (die bestehenden Produktionsstätten können mehr produzieren, als verkauft werden kann, und sind deshalb nicht ausgelastet). Erwerbslosigkeit ist letztlich auch eine Form der Überkapazität, denn Arbeitskräfte sind im Kapitalismus nichts anderes als Produktionsmittel. Das Problem der Überproduktion und -kapazitäten erwächst aus dem ungeplanten und profitorientierten Charakter der kapitalistischen Wirtschaft. Einfach gesagt, produzieren verschiedene private Firmen erst einmal drauf los, in der Hoffnung, ihre Waren auf dem Markt absetzen zu können. Der ehemalige BMW-Boss Eberhard von Kuenheim fasste das so zusammen: *„Es gibt zu viele Autos, aber zu wenig BMW."*[109]

Der Mangel an profitablen Anlagemöglichkeiten in der realen Produktion hat in den letzten Jahrzehnten zu der enormen Finanzspekulation, zu Privatisierungen und Deregulierung geführt. Alles zusammen ist Ursache der seit 2007 sich vollziehenden größten Weltwirtschaftskrise seit 80 Jahren.

Sarrazin schreibt volkswirtschaftlichen Unsinn, verfolgt damit aber ein politisches Ziel. Nach seiner Logik sind die ArbeitnehmerInnen selber für die Arbeitslosigkeit verantwortlich. Weil sie nämlich zu hohe Löhne wollen. Daraus ergibt sich dann seine Ablehnung von Mindestlöhnen (diese vernichteten angeblich Arbeitsplätze) und von einer Anhebung der Niedrigstlöhne. Hartz IV ist für Sarrazin ein *„impliziter Mindestlohn"* und *„kommt den unteren Arbeitseinkommen anstößig nahe."*[110] Das wiederum führt seiner Meinung nach zu einer Entwertung der Arbeitsleistung:

„Das Lohnabstandgebot hat nicht nur die Aufgabe, die Arbeitsanreize für die Empfänger von Transferleistungen ausreichend hoch zu halten, es ist auch eine wichtige Voraussetzung für den Stolz der Arbeitenden auf ihre eigene Leistung."[111]

Sarrazin stellt die Welt auf den Kopf. Tatsächlich stellt das Arbeitslosengeld II eine Art Lohnuntergrenze dar, unter der Beschäftigte in der Regel keine Anstellung annehmen würden. Diese ist allerdings so niedrig angesetzt, dass es seit der Beschlussfassung des Hartz-IV-Gesetzes an breiter Front zu Lohndumping gekommen ist. Hartz IV hat menschenverachtend und sittenwidrig niedrige Löhne erst ermöglicht. Das haben wir SPD und Grünen zu verdanken, was man angesichts ihrer oppositionsbedingten Sozialrhetorik nicht vergessen sollte.

Karl Marx sagte zum Thema Arbeitslosigkeit:

„Das industrielle Arbeitslosenheer drückt während der Stagnation und mittleren Prosperität auf die aktive Arbeiterarmee und hält ihre Ansprüche während der Periode der Überproduktion und der Überspannung im Zaum. Der relative Arbeiterüberschuss ist also der Hintergrund, worauf das Gesetz der Nachfrage und Zufuhr von Arbeit sich bewegt." [12]

Anders ausgedrückt: Die Arbeitgeber nutzen die Massenarbeitslosigkeit, um Löhne niedrig zu halten, denn sie können die beschäftigten ArbeiterInnen mit dem Überangebot an Arbeitskräften unter Druck setzen. Wie oft haben ArbeitnehmerInnen schon gehört, dass „draußen" Dutzende warten, um ihren Job zu einem niedrigeren Lohn zu übernehmen. Hartz IV ist ein zusätzliches Druckmittel in den Händen der Kapitalisten. ArbeitnehmerInnen werden heute mit dem Hinweis auf Hartz IV in Niedrigstlöhne erpresst. Die Drohung, durch Arbeitsplatzverlust schnell in Armut abzurutschen, schwebt für einen Arbeitnehmer heute ständig wie ein Damoklesschwert über ihm. Nicht das ALG II ist anstößig hoch, sondern immer häufiger sind Löhne anstößig niedrig. So niedrig, dass 1,4 Millionen Menschen, so genannte „Aufstocker", ergänzendes ALG II beantragen müssen, obwohl sie berufstätig sind. Wie man dazu steht, ist eine Frage des Klassenstandpunkts. Will man als Kapitalist möglichst hohe Profite, will man in der Regel niedrige Löhne. Will man als ArbeitnehmerIn ein würdiges Leben, will man angemessen hohe Löhne. Das ist ein Interessengegensatz, der nicht zu lösen ist. Sarrazin steht dabei auf der Seite der Kapitalisten und ihres Systems.

Sarrazins Sozialabbau

Daraus ergeben sich auch Sarrazins Vorschläge für weitere Sozialkürzungen. Diese sollen dazu dienen, das Lohnniveau weiter abzusenken und die Erwerbslosen zu disziplinieren. Seine Behauptung, dass die Höhe der Sozialleistungen zum Erwerbslosendasein motivieren würde, ist eine Verhöhnung der Armen. So behauptet er, dass 1.400 Euro Transferleistungen für ein erwerbsloses Ehepaar mit einem Kind der Grund für die (frei gewählte) Erwerbslosigkeit sind: *„Bekämen Carola Goetze und ihre Kleinfamilie nicht monatlich 1.400 Euro vom Staat, würde sie wohl längst einer bezahlten Arbeit nachgehen."*[113]

Das impliziert, dass jeder, der will, auch einen Arbeitsplatz bekommen kann. Bei drei Millionen offiziell Erwerbslosen und einer knappen Million offenen Stellen kann das aber offensichtlich nicht sein. Sarrazin stellt diese unbewiesene und nicht zu beweisende Behauptung auf, um eine weitere Absenkung der sozialen Grundsicherung zu fordern. Dies sei ein Anreiz zur Arbeitsaufnahme. Tatsächlich würde eine solche Maßnahme jedoch die Spirale von sinkenden Sozialleistungen und sinkenden Löhnen nur weiter anheizen. Eine Kürzung der Sozialleistungen reicht Sarrazin aber nicht. Er fordert die Einführung von unbezahlter Zwangsarbeit für alle BezieherInnen des Arbeitslosengeldes II. In Anlehnung an ähnliche Maßnahmen in den USA nennt er das „workfare" und meint eine Arbeitspflicht, deren Nichterfüllung mit Kürzung und Streichung der Sozialleistung und Verlust der Krankenversicherung geahndet werden soll. Fortbildungen und Umschulungen soll es für Hartz-IV-EmpfängerInnen auch nicht mehr geben, da sie angeblich keine nennenswerten Beschäftigungseffekte auslösen.

Sarrazin stellt Langzeitarbeitslose als faule, arbeitsunwillige, sich in der so genannten sozialen Hängematte ausruhende Parasiten dar. Diese Propaganda ist nicht neu, wir hören sie seit Jahren aus dem bürgerlichen Lager. Guido Westerwelles Gerede über „spätrömische Dekadenz" war davon nur ein trauriger Höhepunkt. Ziel ist es, die arbeitslose gegen die lohnarbeitende Bevölkerung auszuspielen und zu verschleiern, dass beide Gruppen Teil der Arbeiterklasse sind. Ihnen bleibt nichts übrig, als ihre Arbeitskraft zu verkaufen. Der Unterschied zwischen ihnen ist, dass es den einen zeitweise nicht gelingt, ihre Arbeitskraft zu verkaufen. Solidarität zwischen Lohnabhängigen und Erwerbslosen ist wichtig, nicht zuletzt damit diejenigen ohne Erwerbsarbeit nicht so leicht als Lohndrücker eingesetzt werden können.

Eine Studie des Instituts für Arbeitsmarkt- und Berufsforschung (IAB) kam hinsichtlich des angeblichen Ausruhens in der sozialen Hängematte zu einem anderen Ergebnis: *„Nur eine sehr kleine Minderheit nennt Gründe, die als direkte Hinweise auf eine fehlende Arbeitsmotivation gedeutet werden können."* Die hier erwähnte Arbeitsmotivation ist sogar höher als beim Rest der Bevölkerung. 80 Prozent sind bereit, eine Arbeit unter ihrer Qualifikation anzunehmen.[114]

Es ist unbestritten, dass es eine Schicht von Langzeitarbeitslosen gibt, die ganz unten angekommen sind und jede Hoffnung verloren haben. Unter ihnen sind Kleinkriminalität, Alkoholismus, Spielsucht und ähnliches ausgeprägt. Marx hat solche Schichten „Lumpenproletariat" genannt und wollte mit diesem Begriff einen Zustand der sozialen Deklassierung beschreiben. Heute wird oft von Subproletariat gesprochen. Nur ist diese Schicht in Deutschland noch relativ klein. Die Politik der etablierten Parteien, die fortschreitenden Sozialkürzungen und die anhaltende Massenerwerbslosigkeit werden diese Schicht aber weiter anwachsen lassen. Vor allem aber sind diese Menschen Opfer des Kapitalismus und nicht Täter gegen die Gesellschaft. Viele haben die Motivation verloren, weil sie nach hunderten Bewerbungen aufgegeben haben, nach einem Arbeitsplatz zu suchen. Die erwähnte IAB-Studie weist darauf hin, dass von 66 Prozent der Erwerbslosen, die sich in einem Monat um einen Arbeitsplatz bemüht haben, nur 25 Prozent zu einem Vorstellungsgespräch eingeladen wurden.

Auch die Propaganda gegen die so genannte Unterschicht, wie schon die gegen MigrantInnen und Muslime, ist ein Ablenkungsmanöver. Es wird von den wahren Verantwortlichen für die sozialen Missstände abgelenkt. Es ist, wie oben ausgeführt, das kapitalistische System, das zu Krisen und Massenarbeitslosigkeit, Niedriglöhnen und Ausbeutung führt. Das System wird aber von realen Personen betrieben, die davon profitieren.- von Bankmanagern, die Milliarden verzockt haben, von superreichen Großaktionären, die durch Aktienspekulationen ihr Vermögen vergrößern, von Firmeneigentümern, die ihre Profitraten durch Rationalisierung in die Höhe treiben. Das sind nicht nur die wahren Verursacher sozialer Missstände, sondern ihr System ist verantwortlich für eine komplette Ausrichtung aller Lebensbereiche auf die Profitmaximierung für eine kleine Zahl von Banken und Konzernen, hinter denen eine verschwindend kleine Minderheit von Privateigentümern an Kapital steht.

Sarrazins Vorschläge sind im Interesse dieser Klasse von Kapitalbesitzern und Superreichen. Würden sie umgesetzt, stiegen die Profite der Banken und Konzerne, und der Lebensstandard der Masse der Bevölkerung würde sinken. Ideologisch sollen seine Vorschläge unter Lohnabhängigen und Erwerbslosen Spaltung hervorrufen und das Bewusstsein für die gemeinsamen Interessen zurück drängen.

Sarrazin für Elitebildung

Auch Sarrazins bildungspolitische Vorschläge dienen dazu, die Klassenspaltung in der Gesellschaft zu vertiefen und Arbeiterkindern den ohnehin schon schwierigen Zugang zu Abitur und Hochschule weiter zu erschweren. Seine Grundannahme der weitgehenden Vererbung von Intelligenz und dem sich daraus ergebenden niedrigen Bildungspotenzial bei TürkInnen, AraberInnen und Armen, werden in Kapitel Vier widerlegt. Da dies sein Grundgedanke ist, sind alle seinen bildungspolitischen Vorschläge unsinnig und falsch, selbst wenn einzelne Forderungen in seinem Buch, wie der Ausbau von Ganztagsschulen, durchaus richtig sind.

Ausgehend von dieser Grundannahme argumentiert Sarrazin unter anderem, dass höhere Ausgaben für das Bildungswesen – also mehr LehrerInnen und SozialarbeiterInnen, eine bessere Ausstattung der Schulen, Lehr- und Lernmittelfreiheit etc. – keine positiven Auswirkungen auf die Bildungsleistungen der SchülerInnen haben. Nach seiner Logik sind die relativ höheren Bildungsausgaben in Berlin als in Bundesländern, die bei der PISA-Studie besser abschnitten als die Hauptstadt, ein ausreichender Beweis für diese These. Einmal mehr zieht Sarrazin aus einer Statistik eine willkürliche Schlussfolgerung entsprechend seiner politischen Überzeugung. Er denkt eindimensional, wenn er überhaupt denkt, anstatt alle auf ein Phänomen einwirkenden Faktoren zu berücksichtigen.

Erstens hat die PISA-Studie vor allem offenbart, dass der Bildungserfolg in Deutschland stark mit der sozialen Herkunft der Kinder zu tun hat. Die Studie von 2006 zeigte, dass Kinder aus höheren sozialen Schichten bei gleichem Wissensstand eine 2,7-mal höhere Chance haben, ein Gymnasium zu besuchen, als Kinder aus Facharbeiterfamilien.[115]

Daraus ergibt sich zwangsläufig, dass in einer Stadt wie Berlin, in der es höhere Arbeitslosigkeit und mehr Armut gibt als in Bayern oder Schleswig-Holstein, diese sozialen Faktoren entscheidenden Einfluss auf die Situation im Bildungswesen haben. Höhere Bildungsausgaben sind eine Voraussetzung, dies zu kompensieren, aber eben nur eine Voraussetzung. Und allein die Tatsache, dass in Berlin pro Schüler mehr Geld ausgegeben wird, als in Bayern, beweist gar nichts.

Sarrazin tut so, als ob die Qualität der Lehre nichts mit den Bildungsausgaben zu tun hätte. Tatsächlich hat die PISA-Studie offenbart, dass in Ländern mit einem hohen Anteil der öffentlichen Bildungsausgaben am Bruttoinlandsprodukt (BIP) auch die Bildungserfolge der SchülerInnen besser sind. Im Jahr 2007 (dem letzten Jahr, für das endgültige Angaben der Finanzstatistik vorliegen) lag der Anteil der Bildungsausgaben am BIP in Deutschland mit 4,7 Prozent unter dem OECD-Durchschnitt von 5,7 Prozent und deutlich unter der Marke der USA (7,6 Prozent), Schwedens (6,3 Prozent), Belgiens (6,1 Prozent) und Frankreichs (6,0 Prozent) und war sogar niedriger als in Ländern wie Portugal (5,6 Prozent) und Ungarn (4,9 Prozent).[116]

Man muss auch kein Bildungsökonom sein, um zu wissen, dass Kinder in kleinen Klassen besser lernen können, dass eine gute Betreuung durch SozialarbeiterInnen an Schulen wichtig ist - dass also eine höhere Zahl von LehrerInnen und SozialarbeiterInnen eine wichtige Voraussetzung zur Verbesserung des Bildungswesens wäre. Und das kostet Geld. Genauso wichtig ist es, dass LehrerInnen und SozialarbeiterInnen zufrieden und möglichst frei von Sorgen und Nöten ihren Job machen können. Dazu gehört wesentlich eine gute Entlohnung, aber auch eine Beendigung der Situation, dass LehrerInnen einen erheblichen Teil ihres Lehrmaterials selber bezahlen müssen. Auch das kostet Geld.

Sarrazin geht von weitgehend durch angeborene Intelligenz feststehendem Bildungspotenzial bei Kindern aus und argumentiert dafür, das Bildungssystem so zu gestalten, dass dieses genutzt wird:

„Oft sind Menschen, die vorwiegend körperliche Arbeit verrichten, auch gar nicht geeignet für geistige oder verwaltende Tätigkeiten und schon gar nicht für Umschulungen in späteren Lebensjahren, weil sie, wie die Bildungspolitiker das bezeichnen, 'eher praktisch begabt' sind."[17]

In Sarrazins Logik müssen diese Menschen auch kein Englisch lernen:

„Sicherlich ist es keine Konzentration auf das wesentliche, jene Grund- und Hauptschüler, die bereits mit Lesen und Mathematik Schwierigkeiten haben, auch noch mit Englisch zu plagen."[18]

Ganz abgesehen davon, dass Menschen unterschiedliche kognitive Fähigkeiten haben und es sehr wohl möglich ist, dass ein und derselbe Mensch sprachbegabt ist, aber größere Schwierigkeiten mit Mathematik hat, drückt sich in Sarrazins Denkweise die Selektion aus, die das deutsche Bildungssystem durch das dreigliedrige Schulsystem betreibt - und die übrigens nicht durch die Einführung eines zweigliedrigen Schulsystems, wie es zur Zeit in Berlin geschieht, aufgehoben wird.

Die Struktur eines Bildungssystems reflektiert die ökonomischen Bedürfnisse eines Gesellschaftssystems. Die Tatsache, dass über Jahrtausende nur eine kleine Minderheit, nämlich die Kinder aus den herrschenden Klassen, überhaupt in den Genuss irgendeiner Bildung kam, war direkter Ausdruck davon, dass Sklaven und Leibeigene keine Bildung brauchten, um ihre Arbeit zu verrichten – beziehungsweise die dazu nötige Bildung wurde ihnen bei der Arbeit von ihren Eltern und Geschwistern vermittelt. Lesen und Schreiben gehörte in der Regel nicht dazu. Elitebildung in der einen oder anderen Form ist jeder Klassengesellschaft immanent. Erst als mit der Entwicklung des Kapitalismus und der Lohnarbeit sowohl die Kapitalisten ein Interesse an zumindest grundlegend gebildeten LohnarbeiterInnen hatten – und diese sich begannen zu organisieren und um den Zugang zu Bildung kämpften – änderte sich das. Lesen und Schreiben sollte auch der einfache Hilfsarbeiter beherrschen – gab es doch Gebrauchsanweisungen und Verordnungen zu lesen. Um jedoch mehr zu erreichen, musste gekämpft werden. Insbesondere die Studierenden- und Bildungsbewegungen der späten 1960er und der 1970er Jahre erreichten Reformen, die das Bildungssystem durchlässiger machten und es Arbeiterkindern erleichterten, Gymnasien und Universitäten zu besuchen. Das hob jedoch Selektion und Elitebildung nicht auf, sondern diese nur auf eine neue Ebene. Denn der Kapitalismus betrachtet Menschen nicht als Menschen, sondern als Humankapital. So steht zum Beispiel im OECD-Bericht von 2008: *„Die Entwicklung des Humankapitals ist für die langfristige Wirtschaftsleistung von größter Bedeutung."*[19]

Das dreigliedrige Schulsystem dient dazu, dieses „Humankapital" möglichst kostengünstig und effizient den wirtschaftlichen Bedürfnissen entsprechend auszubilden. Mit der frühzeitigen Aufteilung in Haupt-, RealschülerInnen und GymnasiastInnen wird für die meisten schon nach dem zehnten Lebensjahr entschieden, ob sie später einmal ChemikerIn, VerwaltungsbeamteR, KFZ-MechanikerIn, StraßenkehrerIn oder FriseurIn werden. Auch hier gibt es einen Interessengegensatz: Das System (und in Menschenform gegossen wird das System von den Eigentümern der Banken und Konzerne und durch die sie vertretenden Parteien und Regierungen repräsentiert) hat kein Interesse daran, dass alle Jugendlichen eine möglichst umfassende und hochwertige Allgemeinbildung vermittelt bekommen. Für sie ist das Bildungswesen ein Kostenfaktor. Weniger Ausgaben für Bildung gleich weniger Steuerzahlungen gleich höhere Gewinne. Um ihre eigene Bildung und die ihrer Kinder brauchen sie sich ja keine Sorgen zu machen: Geld für Privatschulen und PrivatlehrerInnen ist genug da. Mit Geld und Einfluss wird auch der dümmste Kapitalistensprössling zum Hochschulabschluss gebracht.

Alle auch noch so differenziert klingenden bildungspolitischen Vorschläge Sarrazins kranken daran, dass sie gar nicht die Zielsetzung haben, möglichst vielen Kindern und Jugendlichen eine möglichst gute und hochwertige Bildung zu vermitteln, sondern sie haben zum Ziel, den aus seiner Sicht wenigen Hochbegabten eine Spitzenbildung zu vermitteln.

Im Ergebnis läuft Sarrazinsche Bildungspolitik auf das hinaus, was er vorgibt verhindern zu wollen: Ein Absinken des Bildungsniveaus (Sarrazin würde es „Verdummung" nennen) in der Breite der Gesellschaft.

Dabei vertritt er außerdem äußerst autoritäre Erziehungsmethoden. Disziplin ist für ihn der Schlüssel zum Bildungserfolg. Natürlich ist Disziplin eine wichtige Voraussetzung zur Erreichung eines Ziels. Aber eine Disziplin, die auf Einsicht in die Notwendigkeit und freier Entscheidung beruht, ist etwas grundlegend anderes als eine Kasernenhofdisziplin. Sarrazin schwadroniert diesbezüglich über eine notwendige Mischung aus Zuwendung und Autorität. Seine ganze Denkweise wird aber deutlich, wenn er die zu erziehenden Kinder und Jugendlichen mit Tieren vergleicht:

„Jeder Jäger weiß von seinem Hund und jeder Reiter von seinem Pferd, dass er seinem tierischen Freund, der seine Führung erwartet, nichts abfordern kann, wenn er ihm keine Zuwendung zuteil werden lässt. Er weiß aber auch, dass sich das Pferd nicht von selber dressiert und der Hund nicht von alleine apportiert. Viel anders sind die Regeln nicht, die in der menschlichen Erziehung gelten. Eltern und Lehrer müssen Zuwendung und Anleitung geben, aber sie müssen auch Verhaltens- und Leistungserwartungen artikulieren. Das Kind wird diesen Erwartungen umso breitwilliger entsprechen, je mehr es sich als Person individuell wertgeschätzt, angesprochen und geborgen fühlt."[120]

Das mag auf den ersten Blick gar nicht so unvernünftig klingen. Aber letztlich wird das Kind in dieser Konzeption eben nicht als eigenständiges Individuum betrachtet, das zu einer selbständigen, kritischen Persönlichkeit erzogen werden soll, sondern Zuwendung wird hier als Belohnung für Leistung, Gehorsam und Disziplin verstanden. Der Vergleich zum Tier macht deutlich, dass es im Sarrazin'schen Bildungswesen nicht um Selbständigkeit des Individuums geht, sondern um ökonomisches Funktionieren. Die Zuwendung, von der er spricht, führt dann höchstens dazu, dass die so behandelten Kinder und Jugendlichen in emotionale Abhängigkeiten geraten, aber sicher nicht zu Selbständigkeit.

Sarrazin schreibt viel über Bildung und stimmt in den Chor der seit Jahren geführten Bildungsdebatte ein, die widersinniger nicht sein könnte. Da betonen bürgerliche Politiker, die dafür mitverantwortlich sind, dass jahrelang Kürzungen im Bildungssystem durchgeführt und Leistungsdruck und Auslese erhöht wurden, wie wichtig die Bildung sei. Gerne wird dann die Chancengleichheit gefordert. Sarrazin weist zurecht darauf hin, dass der Gedanke, die Chancen der Menschen seien gleich, absurd ist, weil es ungleiche Ausgangslagen gibt. Da hat er ausnahmsweise mal Recht. Wobei er unter der Ausgangslage vor allem die *„Gaben der Natur - Schönheit, Intelligenz, Gesundheit"* meint. Tatsächlich hat natürlich das Kind aus einer Mittelstandsfamilie bei institutionell vorgegebener Chancengleichheit viel bessere Chancen, weil Möglichkeiten, Bildungserfolge zu erzielen, als ein Kind aus einer Hartz-IV-Familie oder ein arabisches Kind, dem Sprachvoraussetzungen fehlen. Deshalb brauchen wir ein Bildungssystem, das diejenigen Kinder und Jugendlichen mit einer schlechteren Ausgangslage besser fördert, statt sie frühzeitig in die Haupt- und Realschule abzuschieben.

Dazu schreibt Freerk Huisken:

Die Schule *„schafft es, dass besonders Kinder armer Familien kaum eine Chance haben, das Abitur zu machen. Das schafft sie dadurch, dass sie sich in der Organisation ihrer Unterweisung dem heiligen Gleichheitsgrundsatz verpflichtet: Jedes Kind, egal welcher Herkunft, soll beim groß angelegten Leistungstest die* **gleichen Chancen** *haben, muss also* **gleich** *behandelt werden. Bei der gnadenlosen Durchsetzung dieses Prinzips, die jede ungerechte Bevorzugung der Kinder aus 'bildungsfernen Schichten' vermeidet, kann es nicht ausbleiben, dass all jene Kinder, die in ihrem 'bildungsnahen und einkommensstärkeren' Elternhaus moralisch und theoretisch erfolgreich auf die Schule eingeschworen werden, sich im chancengleichen Test als die Schulsieger herausstellen. Denen fällt es wegen ihrer schulförmigen Vordressur leichter, sich in die Schulordnung einzufädeln, und im Lesen, Schreiben und Rechnen schneiden sie besser ab als ihre minderbemittelten 'Klassenkameraden' aus der anderen sozialen Klasse, weil sie schon über Vorkenntnisse verfügen. Der*

chancengleich organisierte Ausleseprozess reproduziert nicht nur die Her-
kunftslage mit ihren ungleichen Voraussetzungen, er verstärkt diese. Wo die
Eltern jener Kinder, die im Unterricht 'nicht mitkommen', weder über das
Einkommen noch über die Zeit und in der Regel gar nicht über die geistigen
Voraussetzungen verfügen, ihren Kindern privat das beizubringen, was die
Schule systematisch an ihnen versäumt - immerhin haben sie dieselbe Bil-
dungskarriere hinter sich, die sie nun ihren Kindern nicht ersparen können -,
da wird zwangsläufig der Abstand zu den Klassenbesten größer und rückt
der Abgang in die Hauptschule näher."[21]

Sarrazin hat seine Vorschläge zu den Themen Arbeit, Bildung und
Soziales von einem Klassenstandpunkt aus gemacht. Als Vertreter
des kapitalistischen Systems schlägt er eine Politik im Interesse
der im Kapitalismus herrschenden Klasse vor. Die Umsetzung
seiner Vorschläge würde zu weiterem Sozialabbau, Lohnkürzungen, Repression gegen Arme und Erwerbslose, Ausgrenzung und
Elitebildung im Schulwesen führen. Dem muss ein Gegenpro-
gramm entgegen gestellt werden – ebenfalls von einem Klassenstandpunkt aus. Und zwar vom Standpunkt der anderen Klasse im
Kapitalismus, den Lohn- und Gehaltsabhängigen – egal ob mit
oder ohne Job, ob als Jugendliche noch in der schulischen, beruflichen oder universitären Ausbildung, oder als RentnerInnen – der
Arbeiterklasse. Eckpunkte eines solchen Programms und Vorschläge zu seiner Durchsetzung findet sich in Kapitel 10.

Das mit den Genen und der Intelligenz

Thilo Sarrazin behauptet in seinem Buch erstens, dass Intelligenz zu fünfzig bis achtzig Prozent vererbt wird. Zweitens sagt er, dass Muslime aus der Türkei und dem Nahen und Mittleren Osten sowie Menschen aus der so genannten Unterschicht aus genetischen und kulturellen Gründen eine niedrigere Intelligenz haben.

Dieser Gedanke zieht sich durch sein gesamtes Buch und taucht immer wieder auf. Er stellt das geistige Fundament dar, auf dem Sarrazins politische Positionen und Forderungen aufbauen. Das gilt, obwohl er selbst inkonsequent und widersprüchlich argumentiert. An manchen Stellen betont Sarrazin den Gedanken der Vererbung von intellektuellem Potenzial, an anderer Stelle betont er die kulturellen Traditionen des Islams als ausschlaggebend. In beiden Fällen aber geht er davon aus, dass dies unveränderlich ist.

So gesteht er ein, dass *„die genetische Ausstattung der Menschen aller Länder und Völker von großer Ähnlichkeit (ist), nachweisbar vorhandene Unterschiede (...) jedenfalls wesentlich kleiner als die Unterschiede in den Entwicklungsständen von Staaten, Gesellschaften und Völkern"* seien.[122]

An anderer Stelle spricht er sich auch dagegen aus, im Zusammenhang mit dem Bildungsniveau *„Umwelt und Erblichkeit gegeneinander in Stellung zu bringen."*

Doch diese Relativierungen seiner eigenen Aussagen haben letztlich keine Bedeutung, denn seine Kernaussagen heben diese auf. So behauptet er (mit dem Wahrheitsgehalt dieser Aussage beschäftige ich mich an anderer Stelle):

„Die Gruppen mit der höchsten Bevölkerungsdynamik haben also die niedrigste Bildung und weisen auch die niedrigsten Bildungszuwächse in der Generation der hier geborenen auf. Damit stellen sie nicht einen Teil der demografischen Lösung, sondern des demografischen Problems dar. Es ist nämlich zu befürchten, dass sie zur überdurchschnittlichen Vermehrung jener bildungsfernen und von Transfers abhängigen Unterschicht beitragen, welche die Entwicklungsaussichten Deutschlands verdüstert."[123]

Sarrazin ist der Überzeugung, dass eine Verbesserung des Bildungssystems oder eine gezieltere Förderung der von ihm als zur bildungsfernen Unterschicht zugehörig definierten Kinder keinen Einfluss auf die von ihm prognostizierten Entwicklungsaussichten Deutschlands (übersetzt: die Entfaltung des intellektuellen Potenzials dieser Kinder) nehmen könnte. So schreibt er unter anderem:

„Oft sind Menschen, die vorwiegend körperliche Arbeit verrichten, auch gar nicht geeignet für geistige oder verwaltende Tätigkeiten und schon gar nicht für Umschulungen in späteren Lebensjahren, weil sie, wie Bildungspolitiker das bezeichnen, 'eher praktisch begabt' sind."[124]

Und:

„Kinderlose beziehungsweise kinderarme akademisch ausgebildete Erzieherinnen verzichten auf eigenen, möglicherweise intelligenteren Nachwuchs, um sich der frühkindlichen Erziehung von Kindern aus der deutschen Unterschicht und aus bildungsfernen migrantischen Milieus zu widmen, die im Durchschnitt weder intellektuell noch sozial das Potenzial mitbringen, das ihre eigenen Kinder hätten haben können. Ist das die Zukunft der Bildungsrepublik Deutschland?"[125]

Zusammenfassend sagt Sarrazin also, dass erstens Intelligenz weitgehend vererbt wird und die soziale Schichtung in der Gesellschaft mit dieser angeborenen Intelligenz korrespondiert. Die höhere Geburtenrate in den sozialen Unterschichten führt deshalb zu einer Verdummung der Gesellschaft. Da muslimische MigrantInnen überproportional zur Unterschicht gehören, gilt diese genetische Erklärung auch für sie, wird aber verstärkt durch die Behauptung, die Bildungsferne muslimischer MigrantInnen habe mit ihrer kulturellen Tradition zu tun. Das fasst Sarrazin in folgender Aussage zusammen:

„Das Muster des generativen Verhaltens in Deutschland seit Mitte der sechziger Jahre ist nicht nur keine Darwinsche, natürliche Zuchtwahl im Sinne von 'survival of the fittest', sondern eine kulturell bedingte, vom Menschen selbst gesteuerte negative Selektion, die den einzigen nachwachsenden Rohstoff, den Deutschland hat, nämlich Intelligenz, relativ und absolut in hohem Tempo vermindert."[126]

Was ist eigentlich Intelligenz?

Sarrazin spricht viel über Intelligenz, ohne diesen Begriff einmal klar zu definieren. Es liegt auf der Hand, warum er das vermeidet: Das ist nämlich gar nicht so einfach. Tatsächlich gibt es keine wissenschaftlich allgemein akzeptierte Definition von Intelligenz. Offensichtlich versucht dieser Begriff die kognitiven Fähigkeiten von Menschen zu bestimmen. Aber ist das in eine Maßeinheit, den Intelligenzquotienten, zu fassen? Viele Wissenschaftler sagen tatsächlich, Intelligenz sei das, was IQ-Tests messen.[127]
Dabei wurden die ersten IQ-Tests Anfang des 20. Jahrhunderts von Alfred Binet entwickelt, um den Entwicklungsstand von Kindern zu messen und Kinder mit Lernschwächen zu fördern. Binet selber ging nicht davon aus, dass sie eine angeborene Intelligenz messen und wies diesen Gedanken mit folgenden Worten zurück: *„Wir müssen gegen diesen grausamen Pessimismus protestieren und reagieren."*[128]

Aber auch die Aussage *„Intelligenz ist, was IQ-Tests messen"* sagt noch nichts darüber aus, was diese Tests tatsächlich messen. Diese Definition von Intelligenz hilft für die von Sarrazin ausgelöste Debatte wenig weiter. Die Begrenztheit von IQ-Tests wird auch in einer Stellungnahme des Bundesministeriums für Bildung und Forschung deutlich. Laut dieser umfassen die verschiedenen Tests *„je nach zugrunde liegender Theorie und je nach Aufgabenzusammenstellung, mehr oder weniger verschiedene Bereiche der Intelligenz. Bei manchen Tests ist das Abschneiden [...] zum Beispiel eher vom Vorwissen abhängig, bei anderen ist dieses eher bildungsunabhängig. Manche Tests erfassen nur eine Teilfähigkeit der Intelligenz (z. B. das abstraktlogische Denken), andere erfassen eine Vielzahl verschiedener Fähigkeiten [...]. Dennoch wird das Ergebnis bei fast allen Tests als IQ ausgedrückt. Oberflächlich besehen könnte man daher denken, es handele sich um dieselben erfassten Fähigkeiten. Doch Vorsicht: IQ ist nicht gleich IQ, und es gibt auch nicht den IQ-Test!"*[129]

„Beim IQ-Test werden kognitive Fähigkeiten abgefragt, wie sie in einer industriell-kapitalistischen Gesellschaft gebraucht werden. Insofern ist es kein Wunder, dass Menschen aus entwickelten kapitalistischen Ländern bei den Tests gut abschneiden. Die geistigen Fähigkeiten, die Menschen in vorkapita-

listischen Gesellschaften benötigten, z. B. im Umgang mit der Natur, werden nicht abgefragt. Insofern geht es dabei nicht um 'Intelligenz' als einen objektiv messbaren und über alle Zeiten gleichen Wert, sondern um die Abfrage, inwieweit die geistigen Fähigkeiten an den Stand der Produktivkräfte angepasst sind."[30]

Allein die Existenz von über einhundert verschiedenen Intelligenztests weist darauf hin, dass die Ergebnisse solcher Tests keinen aussagekräftigen Vergleichswert haben können. Sie geben also höchstens eine gewisse Orientierung hinsichtlich kognitiver Fähigkeiten von Menschen. Wenn ich mich in diesem Kapitel auf Intelligenz und Intelligenzquotienten beziehe, muss dies mitgedacht werden.

Der weit verbreitete nach dem amerikanischen Psychologen David Wechsler benannte Test erfordert gute Sprachkenntnisse. Da kann es nicht verwundern, wenn Einwanderer dabei schlechter abschneiden. Aber auch sprachfreie Intelligenztests können Intelligenz nicht losgelöst von gesellschaftlichen Umständen, Traditionen, Produktionsniveau, Kultur testen.

„Mitgliedern vom Stamm der Kpelle in Liberia beispielsweise legte man verschiedene Gegenstände vor, die sie zu Gruppen sortieren sollten. Anstatt nun alle Werkzeuge auf einen Haufen zu legen und alle Lebensmittel auf einen anderen, ordneten sie wie selbstverständlich Kartoffeln dem Messer zu, weil man ja Kartoffeln mit dem Messer schält. Gut, sagten die Forscher, so machen es weise Menschen, aber wie würden es Idioten tun? Schon landeten Messer und Hammer auf einem Haufen. Nach westlichem Verständnis hätten die Kpelle mit einem Intelligenzquotienten nahe der Debilitätsgrenze abgeschnitten, nach ihren eigenen Begriffen waren sie völlig normal."[31]

Gene oder Umwelt?

Der so genannte Flynn-Effekt ist ein weiteres Beleg dafür, dass Gene nicht ursächlich für die Intelligenz von Menschen sein können. Der Sozialwissenschaftler James Flynn entdeckte ein Wachstum des IQ-Werts von Generation zu Generation. Im Umkehrschluss würde das bedeuten, dass unsere Vorfahren Volldeppen gewesen sein müssen, wenn man heutige Intelligenzquotienten zur Grundlage nähme. Vor allem aber verändern sich die menschlichen Gene nicht so schnell wie es diese Steigerung des IQ getan hat. Das menschliche Genom ist heute weitgehend identisch mit dem Genom der Menschen zu Beginn unserer Zeitrechnung. Würde Aristoteles heute einen in einem entwickelten kapitalistischen Land üblichen Intelligenztest machen, würde er grandios scheitern. Trotzdem war er ein Genie. Würde Aristoteles aber als Kind im heutigen Hamburg aufwachsen, wäre er wie alle anderen Kinder und würde sich vielleicht, abhängig von den Möglichkeiten, die seine Umwelt ihm gewährt, wieder zu einem Genie entwickeln. Der Bau eines Rads oder von Pfeil und Bogen sind heute keine intellektuellen Glanzleistungen. Aber als sie unter anderen gesellschaftlichen Bedingungen erfunden wurden, waren sie revolutionäre, technologische Weiterentwicklungen. Das zeigt, dass geistige Fähigkeiten nicht objektiv messbar sind, sondern von den Anforderungen der Gesellschaft abhängen. Intelligenz ist nichts Statisches, sondern befindet sich in einer dynamischen und permanenten Entwicklung – über die Jahrtausende und in einem Menschenleben.

Der Intelligenzquotient steigt mit jedem zusätzlichen Schuljahr, was auch ein Beleg für den Einfluss von Bildung auf den so genannten IQ ist. In den Niederlanden war der durchschnittliche IQ von Kindern, die aufgrund der faschistischen Besatzung während des Zweiten Weltkriegs verspätet eingeschult wurden, um sieben Prozent niedriger als bei Kindern, die nach der Besatzung eingeschult wurden.[132]

Das Sprichwort *„Übung macht den Meister"* drückt aus, dass nicht genetisch determinierte Fähigkeiten zu Höchstleistungen führen, sondern Bildung, Förderung, Praxis. Der Bildungsforscher Anders Ericsson zeigte an einer Untersuchung mit Geigenspielerinnen, dass nur solche, die bis zu ihrem 20. Lebensjahr mehr als 10.000 Stunden geübt hatten, auch Höchstleistungen erbrachten.[133]
In dieser Untersuchung kam sogar heraus, dass fast alle der Geigerinnen, die über 10.000 Stunden geübt hatten, Meisterinnen ihres Fachs geworden waren. Trotzdem kann man davon ausgehen, dass es Veranlagungen gibt. Wahrscheinlich kann nicht jeder Mensch ein Mozart sein, aber es gibt sicher Millionen von Men-

schen, die das Potenzial hätten, ein solcher zu werden, die in den Armenvierteln und ganz normalen Arbeiterfamilien dieser Welt leben, deren Talent nicht entdeckt und nicht gefördert wird.

Jeder Mensch weiß, dass es unterschiedliche Fähigkeiten gibt: musische, sprachliche, mathematische, aber auch soziale und emotionale. Hinzu kommt, dass manche schneller, andere aber vielleicht gründlicher an die Lösung bestimmter Aufgabenstellungen herangehen. Der Psychologe Howard Gardner unterscheidet sieben Intelligenzarten, also unterschiedliche kognitive Fähigkeiten.[134]
Allein diese Differenzierung weist darauf hin, dass dem eindimensionalen Umgang von Thilo Sarrazin mit dem Thema Intelligenz jede wissenschaftliche Grundlage fehlt. Schon die Aussage Sarrazins, dass fünfzig bis achtzig Prozent der Intelligenz vererbt werden, hat keinen Wert. Denn sind es fünfzig Prozent, wären die restlichen fünfzig Prozent wesentlich zur Ausschöpfung des intellektuellen Potenzials. Sind es aber achtzig Prozent, hätten äußere Einflüsse eine qualitativ geringere Wirkung.
Sarrazin impliziert, dass es ein Intelligenz-Gen gibt (so wie es ein Juden-Gen geben soll) oder zumindest die Gene weitgehend für die Intelligenz eines Menschen verantwortlich sind. Er bezieht sich dabei unter anderem auf das Buch „The Bell Curve" (Die Glockenkurve) von Richard J. Herrnstein und Charles Murray, zwei amerikanischen Rassisten, die 1994 zu beweisen versuchten, dass Afro-AmerikanerInnen genetisch bedingt weniger intelligent als Weiße seien.

Wissenschaft und Kapitalismus

Was aber sind die Gene? Was bestimmen sie und was nicht? Dieses Buch erhebt nicht den Anspruch auf eine wissenschaftliche Abhandlung dieser Fragen, es reicht nachzuweisen, dass Sarrazins Thesen mit dem gegenwärtigen Stand der naturwissenschaftlichen Erkenntnisse nicht übereinstimmen.

Ein Gen ist ein Bestandteil der DNS (Desoxyribonukleinsäure), die wiederum in Form eines Moleküls in allen Zellen eines Lebewesens enthalten ist. Es stellt so etwas wie den Grundbaustein des Körpers dar. Gene sind die Erbanlagen, die bestimmte körperliche Merkmale an die Nachgeborenen weiter geben. Die DNS enthält die komplette Erbinformation, während einzelne Gene bestimmte Informationen enthalten. Während es zwar genetisch bedingt ist, ob man blaue oder grüne Augen hat und auch bestimmte Krankheiten vererbt werden können, gibt es aber nicht ein Intelligenz-Gen und auch keine genetischen Ursachen für Kriminalität, Suchtkrankheiten, Erfolg oder ähnliches. Die Informationsmenge der Nervenzellen im menschlichen Gehirn ist vieltausendfach größer als die Informationsmenge des menschlichen Genoms. Das zeigt, dass die Gene für die Leistung des Gehirns nicht maßgeblich sind.[135]

Der Berliner Psychologe Asendorpf kommentierte diese Frage so:

„Es gibt keine Einbahnstraße vom Genom zur Persönlichkeit, sondern ein viele Aktivitätsebenen umspannendes Wirkungsnetz." Die Annahme eines Intelligenzgens sei so abwegig, "wie die Annahme, es müsse sich ein Strick-Gen im menschlichen Genom verbergen, nur deshalb, weil fast ausschließlich Frauen diese Tätigkeit ausüben und das Geschlecht sich nun mal in aller Regel rein genetisch entscheide". Asendorpf vergleicht das Genom „mit einem Text, aus dem im Verlauf des Lebens immer wieder kleine Teile abgelesen werden, wobei der Text nur begrenzt, was gelesen werden kann. Er entscheidet aber nicht, was überhaupt oder zu einem bestimmten Zeitpunkt gelesen wird."[136]

Die Geschichte der Gen- und Intelligenzforschung ist voller Versuche, menschliche Eigenschaften und Fähigkeiten auf die Gene zurückzuführen. Im Kommunistischen Manifest schreiben Marx und Engels: *„Die herrschenden Ideen einer Zeit waren stets nur die Ideen der herrschenden Klasse."[137]*

Leider gilt auch für die Wissenschaften, dass sich hier die Interessen der herrschenden Klasse niederschlagen. Interessen und interessenbasierte Ideologie nehmen Einfluss auch auf die Naturwissenschaften. Nicht alle Wissenschaftler gehen ‚objektiv' oder 'neutral' an ihre Forschungsgegenstände heran. Hinzu kommt, dass Forschungsergebnisse unterschiedlich interpretiert werden können. 1949 ergab eine Studie unter 24 WissenschaftlerInnen, dass die Frage nach der Rolle von „Umwelt und Vererbung" entsprechend ihrer politischen Haltung beantwortet wurde: die Konservativen sagten, dass Vererbung wichtiger sei als die Umwelt – die Liberalen und Linken sahen es anders herum.[138]

Es ist leicht zu verstehen, warum die VertreterInnen des Kapitalismus ein Interesse daran haben, die Fähigkeiten und das Verhalten von Menschen auf deren Erbanlagen zurückzuführen: das enthebt die Gesellschaft, also das Gesellschaftssystem, der Verantwortung für die Entwicklung von menschlichen Fähigkeiten und für Verhaltensprobleme wie Kriminalität. Wenn das Individuum Sklave seiner DNS ist und dementsprechend selbst verantwortlich für seine Intelligenz und sein Verhalten, dann ist der Kapitalismus nicht verantwortlich. Allerdings sind die tatsächlichen wissenschaftlichen Erkenntnisse nicht auf Dauer zu leugnen. So wie es der katholischen Kirche nicht gelungen ist, das Bild der Erde als einer Scheibe aufrechtzuerhalten, so wird es den Gen-Deterministen auch nicht gelingen, das Märchen von der Vererbung von Intelligenz aufrecht zu erhalten. Der britische Psychologe Cyril Lodowic Burt behauptete bis zu seinem Tod 1971, dass Männer intelligenter seien als Frauen, Christen als Juden und Engländer als Iren. 1978 kam dann heraus, dass er die Daten gefälscht hatte, die beweisen sollten, dass getrennt aufgewachsene eineiige Zwillinge keine auf ihre Lebensbedingungen zurückzuführende unterschiedliche Entwicklung nehmen.

Umwelt!

Dem klinischen Psychologen Eric Turkheimer von der University of Virginia war aufgefallen, dass an den üblichen Zwillingsstudien fast nie Kinder aus sozial schwachen Familien teilgenommen hatten. Turkheimer sagt aus seiner beruflichen Erfahrung mit PatientInnen: *„Ich konnte sehen wie die Armut die Intelligenz dieser Menschen regelrecht unterdrückt hatte."* Turkheimer hat darauf hin mit anderen WissenschaftlerInnen Studien an Hunderten Zwillingen aus stabilen und instabilen Familienverhältnissen untersucht.

„Das Ergebnis: Je höher der soziale Status der Kinder, desto größer war der genetische Einfluss auf die Intelligenzunterschiede. Ganz anders dagegen für

die Kinder aus sozial benachteiligten Familien – dort erwies sich die Erblich-
keit der Intelligenzunterschiede praktisch gleich null. (...) Nur wenn die Um-
welt dem Gehirn beschert, was es begehrt, kann die Intelligenz eines Men-
schen gedeihen."[39]

Umwelteinflüsse sind natürlich nicht nur die rein materielle Situation, wobei sich aus dieser viel ableitet. Gesunde Ernährung, Lär-
m- und Schadstoffe, Wohnumfeld (zum Beispiel, ob sich ein Kind
sein Zimmer mit Geschwistern teilen muss), seelischer Stress, Zuwendung – all das nimmt Einfluss auf die Entwicklung der geistigen Fähigkeiten eines Menschen. Untersuchungen haben zum
Beispiel ergeben, dass Kinder, die in der Nähe von Straßen und
Kreuzungen aufwachsen und dadurch einer größeren Luftver-
schmutzung ausgesetzt sind, einen durchschnittlich drei Prozent
niedrigeren IQ aufweisen als Kinder, die diese Belastung nicht haben. Gestresste Kinder aus armen Familien schnitten in Gedächt-
nistests um zehn Prozent schlechter ab als Kinder aus Mittel-
standsfamilien.[140]

Ein Test an der Georgetown University in Washington DC belegt,
dass arme Kinder nicht genetisch benachteiligt sind: hier wurden
Kinder aus armen und schlecht ausgebildeten Elternhäusern ab
einem Alter von sechs Wochen speziell gefördert. Nach drei Jahren lag der IQ dieser Kinder um 13 Prozent höher als bei Kindern ohne eine solche Förderung.[141]

Jörg Allbrecht und Volker Stollorz kamen in der Frankfurter Allgemeinen Sonntagszeitung zu dem Schluss:

„Ein Sohn reicher Eltern kann auf dem Internat gefördert werden, bis er
seine angeborenen intellektuellen Fähigkeiten zu hundert Prozent ausge-
schöpft hat. Ein Hartz-IV-Kind, das eine schlechte Schule besucht, kann
seine Intelligenz dagegen nur zu einem Teil entwickeln, auch wenn sie von
Geburt an höher liegen sollte."[142]

Was ist Rassismus – und warum gibt es ihn?

Thilo Sarrazin ist ein Rassist. Seine Behauptungen über genetische Dispositionen von Türken und Arabern knüpfen an einen biologistischen Rassismus an, der seit dem Ende der Nazi-Diktatur nur an den rechtsextremen Rändern der Gesellschaft offen vertreten wurde. Sie erinnern an Rassentheorien aus der Zeit des Kolonialismus und des Dritten Reichs.

Eine Kostprobe:

„Ausführlich äußert sich Darwin zur großen Unterschiedlichkeit der Geistesgaben und zur Erblichkeit dieser Unterschiede. Auch in diesem Punkt unterscheidet sich der Mensch nicht von der höheren Tierwelt, insbesondere den Primaten. (...)'Die Variabilität oder Verschiedenheit der geistigen Fähigkeiten ... ist so notorisch, dass kein Wort darüber gesagt zu werden braucht.' Und genau wie bei der höheren Tierwelt werden diese Unterschiede vererbt: 'So ist z. B. die erbliche Überlieferung von geistigen Eigenschaften bei unseren Hunden, Pferden und anderen Haustieren unbestreitbar. Außer speziellen Neigungen und Gewohnheiten werden sicher auch allgemeine Intelligenz, Mut, bösartiges und gutes Temperament usw. vererbt. Beim Menschen beobachten wir Ähnliches in fast jeder Familie ...'"[143]

Das ist unwissenschaftlicher Unsinn. Alle ernstzunehmenden wissenschaftlichen Erkenntnisse kommen zu dem Ergebnis, dass es keine Menschenrassen in dem Sinne gibt, dass verschiedene Menschengruppen, die unterschiedlicher Herkunft sind oder verschiedene äußere Merkmale haben, auch unterschiedliche geistige oder körperliche Fähigkeiten haben. Die Menschheit ist in dieser Hinsicht eine Einheit, wie auch der englische Begriff „human race" („menschliche Rasse") zum Ausdruck bringt. Es gibt keine Menschenrassen. Rassen wurden konstruiert, um eine Unterteilung in Großgruppen der Menschheit vorzunehmen. In unterschiedlichen Sprachen wird mit dem Rassenbegriff unterschiedlich umgegangen. Die Geschichte des Rassismus, insbesondere die rassistisch begründete Vernichtung der jüdischen Bevölkerung während der Nazi-Diktatur, verbietet aber heute, zumindest im deutschsprachigen Raum, die Verwendung dieses Begriffs. Denn damit werden unterschiedliche geistige Fähigkeiten oder andere unveränderbare Eigenschaften impliziert. Wenn man die Begrifflichkeit mit der Anwendung auf die Tierwelt vergleicht, dann verwendet man bei Katzen oder Hunden den Rassebegriff zur Unterscheidung zwischen Gruppen derselben Art, die besondere Fähigkeiten und Merkmale aufweisen. Eine Hauskatze bleibt aber eine Hauskatze, egal welche Farbe ihr Fell hat.

„Rassismus behauptet, dass – physisch und äußerlich durchaus unterschiedliche – 'Rassen' auch in ihren geistigen Fähigkeiten biologisch, d. h. im Prinzip unveränderbar verschieden seien. Daraus ergeben sich Abstufungen geistiger und moralischer Wertigkeiten für 'höhere' und 'niedere' Rassen.
In Wirklichkeit sind jedoch alle rezenten [gegenwärtigen, A. d. A.] Menschen homo sapiens, seit dem Auftreten des Cro-Magnon-Menschen vor ca. 40.000 Jahren. Alle haben als intellektuelle Grundausstattung die Fähigkeit zu artikulierter Sprache, gedanklicher Abstraktion und gezieltem Lernen. Innerhalb von Groß-Populationen gibt es unzählige individuelle Unterschiede in den Begabungen. Kollektiv boten und bieten verschiedene Gesellschaften aber dem Individuum unterschiedliche Chancen, seine Begabungen wirklich zu entfalten, entsprechend dem unterschiedlichen sozioökonomischen und kulturellen Entwicklungsstand der Gesellschaft."[44]

Die Vorstellung, es gäbe „reine" Menschenrassen ist ohnehin absurd. Die Menschheitsgeschichte besteht aus unzähligen Völkerwanderungen, Eroberungen und Vermischungen unterschiedlicher Völker. *„Wir sind alle Mischlinge."*[45]

Vor zehn Jahren wurde das menschliche Genom vollständig entschlüsselt. Die Ergebnisse waren ein Schlag ins Gesicht für all diejenigen, die den Genen die entscheidende Funktion bei der Herausbildung von Persönlichkeiten zuschreiben und eine weitere Widerlegung von biologistischem Rassismus. Das menschliche Genom besteht zum einem aus deutlich weniger Genen, als Wissenschaftler bis zu seiner Entschlüsselung vermutet haben. Zirka 25.000 Gene wurden entdeckt, von denen gerade mal 0,01 Prozent die äußere Erscheinung des Menschen bestimmen. Es ist weitgehend bei allen Menschen seit tausenden Jahren identisch. Dass der genetische Unterschied zu verschiedenen Tieren nicht besonders groß ist, unterstreicht die nur relative Bedeutung der Erbanlagen.

Der Wissenschaftler Craig Venter, der an der Entschlüsselung des menschlichen Genoms beteiligt war, erklärt:

„Die Rasse ist ein soziales Konzept, kein wissenschafliches. Wir alle entwickelten uns während der letzten 100.000 Jahre von denselben Stämmen, die aus Afrika auswanderten und sich über die ganze Welt verteilten."[146]
Wir sind also auch alle Afrikaner.

Die Seattle Times schlussfolgerte aus den Erkenntnissen der Genom-Entschlüsselung:

„Ein Ergebnis des Humane Genome Projects ist, dass den Eiferern ein Schlag ins Gesicht versetzt wurde, die sich lange verrenkt haben, um altmodischen Hass mit wissenschaftlichen Geschwätz von genetischer Überlegenheit zu verschleiern. Der Plan der menschlichen DNA-Reihe führt zu einer Schlussfolgerung: Rasse hat keine Bedeutung in der Wissenschaft."[147]

Imanuel Geiss weist in seiner „Geschichte des Rassismus" darauf hin, dass sich die grundsätzlich gleiche Begabung von Angehörigen verschiedener Volksgruppen überall da zeige, wo sie unter ähnlichen Bedingungen leben und die gleichen Chancen zum Lernen und Entfalten ihrer Fähigkeiten haben. Als Beispiel führt er die Einwanderungsgesellschaft USA an.

Geschichte des Rassismus

Warum aber gibt es dann Rassismus? Viele sind der Meinung, dass Rassismus und Fremdenfeindlichkeit etwas „Normales" seien. Die Skepsis und Ablehnung des Unbekannten sei dem Menschen sozusagen angeboren. Tatsächlich muss man im historischen Verlauf zwischen Formen von Fremdenfeindlichkeit und dem seit der Entstehung der kapitalistischen Gesellschaft auf Rassentheorien und systematischer Ungleichbehandlung basierenden Rassismus unterscheiden.

Ablehnung von Fremden basierte in der Menschheitsgeschichte vor allem darauf, dass solche als Bedrohung oder Gegner betrachtet wurden. In den Frühgesellschaften der Menschheit galt, dass ohne einen Überschuss an Nahrungsmitteln auch ein Gastrecht eine Unmöglichkeit war. Dieses entwickelte sich mit der Herausbildung der Fähigkeit mehr zu produzieren, als man selber zum unmittelbaren Verbrauch brauchte.

Rassismus im eigentlichen Sinne des Wortes bedeutet aber die systematische Diskriminierung und Ungleichbehandlung von Menschen aufgrund ihrer Hautfarbe, Herkunft oder Nationalität. Die Entstehung des Rassismus ist unmittelbar verbunden mit der kolonialen Ausbeutung der Welt durch den europäischen Kapitalismus.

Im Feudalismus war die „gottgegebene Ordnung" ausreichend Rechtfertigung für Unterdrückung, Entrechtung und Versklavung. Das aufstrebende Bürgertum brauchte zur Entwicklung seiner Macht und Profite jedoch eine Gesellschaftsordnung, in der der Leibeigene durch den Lohnarbeiter ersetzt wurde. Sie waren frei, geheuert und gefeuert zu werden und frei, vom Land in die Städte umzusiedeln, um in den entstehenden Manufakturen und Fabriken ausgebeutet zu werden. Die Aufklärung war der ideologische Ausdruck der Klasseninteressen des Bürgertums. Die gottgegebene Macht des Adels sollte durch die Wahl von Volksvertretern ersetzt werden, religiöser Mystizismus durch Rationalität und Wissenschaft.

Nun erscheint es auf den ersten Blick widersinnig, dass gerade die Zeit der Aufklärung auch den Rassismus hervorgebracht hat. Doch der sich entwickelnde europäische Kapitalismus brauchte die Reichtümer der Welt, um seinen Aufstieg finanzieren zu können. Ohne das Gold der Inka, ohne die Versklavung der Afrikaner, die die Baumwolle für die Fabrikanten pflückten, auch keine große Industrie. Die brutale Ausplünderung und Versklavung der indigenen Völker Amerikas und der Schwarzen Afrikas bedurfte einer ideologischen Rechtfertigung. Jean-Paul Sartre sagte einmal: *„Weil keiner seinesgleichen ausplündern, unterjochen und töten kann, ohne ein Verbrechen zu begehen, erheben sie es zum Prinzip, dass der Kolonisierte kein Mensch ist."* – oder zumindest ein Mensch minderen Werts. Es ist kein Zufall, dass viele Verfasser von Rassentheorien selber Kolonialisten waren. Die Vielzahl von Rassentheorien sind gleichzeitig Ausdruck ihrer Unwissenschaftlichkeit. Schon Charles Darwin, der selber nicht frei von Rasse-Vorstellungen war, wies auf die Meinungsverschiedenheiten zwischen Rassentheoretikern hin, ob der Mensch *„als eine einzige Art oder Rasse klassifiziert werden soll, oder als zwei (Virey), drei (Jaquinot), vier (Kant), fünf (Blumenbach), sechs (Buffon), sieben (Hunter), acht (Agassiz), elf (Pickering), fünfzehn (Bory St. Vincent) sechzehn (Desmoulins), zweiundzwanzig (Morton), sechzig (Crawford) oder nach Burke als dreiundsechzig Arten und Rassen."*[148]

In Zeiten des wissenschaftlichen Fortschritts, als die Natur erkannt und systematisch kategorisiert wurde, war der Rassismus der Versuch, der brutalen Ausplünderung und Versklavung ganzer Völker eine wissenschaftliche Legitimation zu geben. Oder wie Geiss es ausdrückt:

„Rassismus entstand als Erklärungs- und Rechtfertigungsideologie der welthistorischen materiellen, militärischen und technischen Überlegenheit der Europäer seit ihrer Expansion in Übersee."[149]

Darwin selbst wurde von Rassisten missbraucht, um ihre Politik zu rechtfertigen. Er hatte in der zweiten Hälfte des 19. Jahrhunderts die Theorie der Entwicklung der Arten durch natürliche Auslese begründet und nachgewiesen, wie sich das Leben auf der Erde entwickelt und verändert hat. Er versetzte der christlichen Schöpfungslehre den Todesstoß. Seine Theorie 'survival of the fittest' (sinnvollste Übersetzung: dem Überleben des am besten an die Umweltverhältnisse Angepassten) wurden unzulässig auf die menschliche Gesellschaft übertragen. Diese als Sozialdarwinismus bekannte Anschauung sieht im Recht des Stärkeren eine Triebkraft des gesellschaftlichen Fortschritts. In Kombination mit Rassentheorien vertraten Sozialdarwinisten die Haltung, dass es geradezu die Pflicht der europäischen Völker sei, den Rest der Welt zu kolonisieren, um dem naturgewollten Fortschritt Rechnung zu tragen.

Es geht hier nicht darum, die Entwicklung der Rassentheorien nachzuzeichnen, sondern die Gründe für ihre Entstehung und ihre gesellschaftliche Funktion zu erklären. Es geht darum, die

Frage „Wem nützt es?" zu beantworten. Rassismus nützte den Herren der Neuen Welt – der Klasse der Kapitalisten. Vertreter dieser Klasse haben den Rassismus 'gemacht'.

Antisemitismus

Das gilt auch für die Extremformen, die der Rassismus in der Geschichte angenommen hat, vor allem den Antisemitismus und die auf diese ideologisch basierende industriell organisierte Vernichtung der jüdischen Bevölkerung während des Hitler-Faschismus. Der Antisemitismus als Rassentheorie entwickelte sich im 19. Jahrhundert. Judenverfolgung geschah in den Jahrhunderten zuvor nicht auf der Basis einer Rassentheorie. Manche Autoren unterscheiden begrifflich deshalb zwischen Antijudaismus und Antisemitismus. Jüdinnen und Juden wurden nicht als eine 'Rasse' betrachtet, was sich unter anderem darin ausdrückte, dass für sie eine Konversion zum christlichen Glauben möglich war und damit die Diskriminierung in der Regel auch ein Ende fand. Im Mittelalter basierte die Judenverfolgung auf der ökonomischen Rolle, die viele Juden als Geldverleiher spielten. Sie wurden sozusagen von den durch die Entwicklung der kapitalistischen Wirtschaft bedrohten Kleinbürgern als Vertreter der neuen, bedrohlichen, aufstrebenden Wirtschaftsform des Kapitalismus gesehen.

„In den siebziger Jahren [des 19. Jahrhunderts, A. d. A.] war es so weit, dass die Juden in einer Gesellschaft, die noch nicht völlig verbürgerlicht war, als Bourgeois schlechthin erschienen, in einer Nation [auf Deutschland bezogen, A.d.A.], die noch nicht modernisiert war, als innovative Neuerer."[50]

Das hatte seine materielle Grundlage unter anderem auch darin, dass zum Beispiel 1882 22 Prozent aller Angestellten in den Banken und an der Börse und 43,25 Prozent der Eigentümer und Direktoren von Bank- und Kreditunternehmen Juden waren.[151]

Der 1944 in Auschwitz ermordete belgische Trotzkist Abraham Léon schrieb 1942:

„Die primär kaufmännische und handwerkliche Struktur des Judentums, das Erbe einer langen historischen Entwicklung, macht die JüdInnen zum

Feind Nummer eins des Kleinbürgertums auf dem Binnenmarkt. Es ist also der kleinbürgerliche Charakter des Judentums, der es dem Kleinbürgertum so verhasst macht. Wenn jedoch die Vergangenheit des Judentums einen bestimmenden Einfluss auf seine heutige gesellschaftliche Zusammensetzung ausübt, so wirkt sie nicht weniger stark auf das Bewusstsein der Massen ein. Für diese ist und bleibt der Jude der traditionelle Vertreter der 'Geldmacht'.

Dies ist sehr wichtig, denn das Kleinbürgertum ist nicht nur eine kapitalistische Klasse, d. h. eine Klasse, die alle kapitalistischen Tendenzen in Miniatur in sich trägt. Es ist zugleich antikapitalistisch. Es hat das starke, wenn auch vage Bewusstsein, vom Großkapital ausgeplündert und ruiniert zu werden. (...) Es will antikapitalistisch sein, ohne aufzuhören, kapitalistisch zu sein. Es will den schlechten Charakter des Kapitalismus zerstören, d. h. die Tendenzen, die es selbst ruinieren, und zugleich den »guten Charakter« des Kapitalismus erhalten, der es ihm erlaubt, zu leben und sich zu bereichern. Aber da es einen Kapitalismus mit guten und ohne die schlechten Seiten nicht gibt, muss ihn das Kleinbürgertum erfinden. (...) Der 'jüdische Kapitalismus' ist am ehesten geeignet, die Rolle des schlechten Kapitalismus zu übernehmen. Die Vorstellung des 'jüdischen Reichtums' war in der Tat im Bewusstsein der Massen fest verankert. Es ging nur darum, mit einer gut abgestimmten Propaganda das Bild des 'jüdischen Wucherers', gegen den Bauern, Kleinbürger und Gutsbesitzer lange Zeit hindurch gekämpft hatten, wieder wachzurufen und zu aktualisieren."[152]

Der Antisemitismus entwickelte sich parallel zum Ariermythos, der ab 1750 formuliert wurde. Unter anderem waren es der Franzose Arthur Comte de Gobineau, der von der „Reinheit des Blutes" zu predigen begann und die Deutschen als eine besonders reine Rasse betrachtete. Seine Schriften wurden von dem bis heute bejubelten Komponisten Richard Wagner verbreitet, der Gobineau zum Antisemiten interpretierte. Wagners Schwiegersohn Stewart Houston Chamberlain entwickelte daraus eine systematische Anschauung. Für ihn war *„der wahre Feind der Arier (...) der Jude"* und Schwarze betrachtete er als *„untergeordnete, minderwertige, in sich selbst kulturunfähige Menschenunterart."* Kaiser Wilhelm II. war ein Anhänger von Chamberlains Theorien und Hitler stützte seinen Rassenwahn in „Mein Kampf" auf Chamberlain-Zitate.[153]

In der Epoche des aufstrebenden Kapitalismus, bei der Eroberung von Kolonien und der Ausbeutung ganzer Völker wirkte der

Rassismus als Rechtfertigungsideologie für die Ausdehnung der Marktwirtschaft auf dem Rücken von Millionen Menschen. Mit dem Beginn des 20. Jahrhunderts waren die Kolonien und Märkte weitgehend aufgeteilt, der Kapitalismus trat in eine Epoche verschärfter Konkurrenz und wirtschaftlichen Niedergangs ein. Eine starke sozialistische Arbeiterbewegung machte die Abschaffung des Kapitalismus zu einer greifbaren Möglichkeit. 1917 gelang den russischen ArbeiterInnen und BäuerInnen der Sturz des Zarenreichs und der kapitalistischen Ordnung. Eine sozialistische Räterepublik wurde errichtet. Die 1920er und 1930er Jahre waren in vielen Ländern von revolutionären und vorrevolutionären Situationen geprägt. Die Kapitalisten sahen ihre Macht und ihr Eigentum an Banken und Konzernen bedroht.

Unter diesen Voraussetzungen setzten sie das Mittel des Rassismus verstärkt als Waffe zur Spaltung der Arbeiterklasse und zur Präsentation von Sündenböcken für die Krise des eigenen Systems ein. Léon fährt fort:

„Der Rassismus dient gerade dazu, alle Klassen in dem Schmelztiegel einer Rassengemeinschaft, die sich anderen Rassen entgegenstellt, aufgehen zu lassen. (...) Der Antikapitalismus der Massen, zunächst gegen das Judentum gelenkt, bezieht sich sehr bald auch auf den äußeren Feind, der mit dem Judentum identifiziert wird. Die germanische Masse muss gegen den Juden, ihren Hauptfeind, in allen seinen Verkleidungen kämpfen: der des Bolschewismus und des Liberalismus im Inneren, der der angelsächsischen Plutokratie und der des russischen Bolschewismus.
Hitler schreibt in 'Mein Kampf', dass man die verschiedenen Feinde unter einem gemeinsamen Aspekt zeigen müsse, da sonst die Gefahr bestehe, dass die Massen zuviel über die zwischen ihnen bestehenden Unterschiede nachdenken würden. (...) Der Antisemitismus ist am besten geeignet, die verschiedenen Elemente des Rassismus zu verkitten."[54]

In Deutschland hatte die Sozialdemokratie über Jahrzehnte erfolgreich gegen die Diskriminierung von Jüdinnen und Juden gekämpft. In diesem Kampf, der unter anderem durch die erfolgreiche Kandidatur des jüdischen Geschäftsmanns Paul Singer bei der Reichstagswahl 1887 einen Ausdruck fand, wurde der Antisemitismus in der Arbeiterklasse an den Rand gedrängt. Die SPD war sogar die einzige Partei, die Juden als Kandidaten für den Reichstag aufstellte. Es war nicht zuletzt der SPD zu verdanken, dass die Integration der jüdischen Bevölkerung in die Gesellschaft zunahm. Weltwirtschaftskrise und das Versagen der Arbeiterbewegung, eine erfolgreiche sozialistische Revolution in Deutschland durchzuführen, schufen dann einen neuen Nährboden für den Antisemitismus unter den kleinbürgerlichen Massen. Kleine Gewerbetreibende, Handwerker, Bauern, Beamte sahen sich mehr und mehr in ihrer Existenz bedroht. Sie fielen auf die antisemitische Sündenbockpropaganda Hitlers rein, der ihnen die Juden sowohl als Vertreter des Kapitalismus als auch des Bolschewismus präsentierte. Diese Mittelschichten waren durch den Konzentrationsprozess des Kapitals und die Wirtschaftskrise stark getroffen, hatten ihr Kleineigentum zum Teil schon verloren und waren verarmt oder kämpften ums Überleben. Sie wurden zwischen den beiden Hauptklassen der kapitalistischen Gesellschaft, Kapitalistenklasse und Arbeiterklasse, zerdrückt.

Hitlers Nazis waren eine Massenbewegung dieser Mittelschichten, militärisch organisiert in SA und SS, fanatisch in ihrem Nationalismus und Antisemitismus, bereit über Leichen zu gehen. Hinter Hitler standen letztlich aber die Kapitalisten, die seine faschistische Bewegung als Rammbock gegen die Arbeiterbewegung brauchten und seine Diktatur unterstützten, um SPD, KPD und Gewerkschaften zu zerstören, die Gefahr der sozialen Revolution zu bannen und den nächsten Krieg vorzubereiten.
Der russische Revolutionär Leo Trotzki schrieb dazu:

„Auf der Ebene der Politik ist Rassismus eine aufgeblasene Abart des Chauvinismus gepaart mit Schädellehre. Wie herabgekommener Adel Trost findet in der alten Abkunft seines Bluts, so besäuft sich das Kleinbürgertum am Märchen von den besonderen Vorzügen seiner Rasse."[55]

Der Holocaust war die extremste Erscheinung von Rassismus. In ihm kamen der Rassenwahn der Nazis mit der auf die Spitze getriebenen Zwangsarbeit bis zur physischen Vernichtung der Zwangsarbeiter in den Konzentrationslagern zusammen. Rassismus an sich ist aber keine extreme Sondererscheinung in der kapitalistischen Gesellschaft. Er kennt nur extreme Formen, ist aber letztlich ein konstitutives Element jedes kapitalistischen Staates – die systematische Ungleichbehandlung von Menschen aufgrund ihrer Hautfarbe, Herkunft oder Nationalität. Dabei kann die ideologische Form sich ändern.

Rassismus nach dem Zweiten Weltkrieg

Der biologistische Rassismus hat mit dem Ende der Nazi-Diktatur keine bedeutende Rolle mehr gespielt. Rassistische Diskriminierung wurde trotzdem nicht beendet. Denn Rassismus ist nicht nur die auf den Rassentheorien des 18. und 19. Jahrhunderts basierende Diskriminierung, sondern jede Form der systematischen Diskriminierung von Menschen aufgrund äußerer Merkmale, Nationalität oder Religionszugehörigkeit. Diese Diskriminierung wurde statt pseudowissenschaftlich-biologistisch anders begründet. Ausgangspunkt ist der Gedanke der „Einheit der Nation", die angeblich von fremden kulturellen Einflüssen geschützt werden soll oder die durch andere nationale Interessen von MigrantInnen bedroht sein soll. Wenn das nicht wirkt, werden MigrantInnen als Bedrohung für die sozialen Sicherungssysteme dargestellt.

Nationalismus und Rassismus sind dabei zwei Seiten einer Medaille. Nationalistische Ideologie ordnet die Interessen der verschiedenen Klassen den nationalen Interessen unter, welche in letzter Instanz immer die Interessen der in einer Nation herrschenden Klasse sind. Letztlich führen nationalistische Identifikationsmuster in der Arbeiterklasse also dazu, dass der Interessenkonflikt zwischen Kapital und Arbeit überlagert bzw. vom angeblich übergeordneten nationalen Interesse aufgehoben wird. Das führte unter anderem zur großen Katastrophe des Ersten Weltkriegs, als die sozialdemokratischen Arbeiterparteien in fast allen Ländern Europas ihre internationalistischen Prinzipien verrieten und an der Seite ihrer nationalen Kapitalistenklassen gegen Arbeiter anderer Länder in den Krieg zogen.

Die systematische Diskriminierung von Menschen anderer Nationalität wurde in Deutschland auch nach dem Zweiten Weltkrieg aufrecht erhalten – übrigens in BRD und DDR. Von 1951 bis 1965 übernahm die Bundesrepublik sogar die Ausländerpolizeiverordnung des „Dritten Reichs". Die Sondergesetze für MigrantInnen (früher hießen sie Ausländergesetz, heute Aufenthaltsgesetz) machen MigrantInnen zu Menschen zweiter Klasse. Sie haben kein Wahlrecht, kein Recht auf uneingeschränkte politische Betätigung, können abgeschoben werden. Schon das Grundgesetz der Bundesrepublik schließt nichtdeutsche MitbürgerInnen aus, da es nur für das „deutsche Volk" gilt.

Während der Rassismus des 19. Jahrhundert die Rechtfertigung für die Ausbeutung der Kolonialvölker geben sollte, traf er in der Bundesrepublik in der zweiten Hälfte des 20. Jahrhunderts vor allem ArbeitsmigrantInnen. Diese wurden als billige Arbeitskräfte eingesetzt. Ihre Diskriminierung diente zur Lohndrückerei und traf somit auch die einheimischen ArbeiterInnen. Ideologisch wurde diese Diskriminierung genutzt, um die Arbeiterklasse in Menschen erster und zweiter Klasse zu spalten und sie gegeneinander auszuspielen.

Welche politische Funktion Rassismus jedoch in der Gesellschaft erfüllt, hängt stark von der wirtschaftlichen Entwicklung und dem Verlauf der Klassenkämpfe eines Landes ab. Im Nachkriegsaufschwung kamen Millionen so genannte Gastarbeiter in die Bundesrepublik. Sie waren zwar ebenso entrechtet, wie MigrantInnen heute, aber kaum Opfer gezielter, staatlich organisierter rassistischer Hetze. Sie wurden erstens wirtschaftlich gebraucht und zweiten gab es kaum soziale Konflikte, für die eine migrantenfeindliche Kampagne zur Ablenkung hätte dienen können. Sie waren trotzdem Opfer von Alltagsrassismus. Als zum Beispiel meine Mutter 1963 einen jugoslawischen Gastarbeiter heiratete, erntete sie nicht nur Verwunderung, sondern Freunde wendeten sich von ihr ab.
Mit der Verschlechterung der wirtschaftlichen Situation änderte sich die Ausprägung des Rassismus. Von einem Nebenaspekt bürgerlicher Politik wurde er zu einer zentralen Propagandawaffe in den Händen der bürgerlichen Parteien und der Regierungen.

„Der Zynismus und die Aggressivität der offiziellen Ausländerpolitik steigen proportional mit dem Bedarf der Unternehmer nach einer Ideologie, die den wirklichen Konflikt in dieser Gesellschaft - zwischen Lohnabhängigen

und Kapital – umleitet in einen Konflikt innerhalb der Masse der arbeiten-
den Menschen – zwischen Deutschen und Nichtdeutschen."[156]

1973 wurde der Anwerbestopp für GastarbeiterInnen verhängt.
Als „ausländische" ArbeiterInnen begannen für ihre Rechte am
Arbeitsplatz zu kämpfen, setzte erstmals eine rassistische Offensive bürgerlicher Medien und Politiker ein, um die Beschäftigten in
den Betrieben zu spalten. 1973 waren viele türkische, italienische
und andere Kollegen an Streiks beteiligt, unter anderem an dem
kämpferischen Streik bei Ford, der sich von unten spontan entwickelte. *„Türken-Terror bei Ford"* titelte die BILD-Zeitung in einem
Versuch die Verantwortung für physische Auseinandersetzungen
den streikenden MigrantInnen in die Schuhe zu schieben. In den
Folgejahren zog der Staat die Daumenschrauben für MigrantInnen an. So wurde 1975 hunderttausenden „GastarbeiterInnen"
das Kindergeld gestrichen.[157]

Die herrschende Klasse und ihre Vertreter in Regierung und bürgerlichen Parteien haben seitdem immer wieder die rassistische
Karte ausgespielt, um von der eigenen Verantwortung für Missstände abzulenken und die Arbeiterklasse zu spalten.
Seit der Amtsübernahme der CDU/CSU/FDP-Regierung unter
Helmut Kohl wurde die rassistische Politik verstärkt, unter anderem wurde der Gedanke *„Ausländer nehmen Deutschen die Arbeitsplätze weg"* dadurch unterfüttert, dass Prämien an MigrantInnen gezahlt wurden, die in ihre Heimat zurückkehrten.

1986 geriet die damalige CDU/CSU/FDP-Bundesregierung unter Kanzler Helmut Kohl in Bedrängnis. Die Katastrophe im sowjetischen Kernkraftwerk Tschernobyl hatte die Umweltfrage
auf die Tagesordnung gesetzt und der gewerkschaftliche Widerstand gegen die Verschlechterung des Streikrechts (damaliger Paragraph 116 Arbeitsförderungsgesetz) ließen die Koalition in
Meinungsumfragen abrutschen. Um die Wahlen im Januar 1987
zu gewinnen lancierte die CDU/CSU eine Kampagne gegen die
angebliche *„Asylantenflut"* und verschärfte staatliche Maßnahmen
gegen Flüchtlinge. Damit wurde ein gesellschaftliches Klima geschaffen, in dem verstärkt Angriffe auf MigrantInnen möglich
wurden.

Das selbe Spiel wiederholte sich Anfang der 1990er Jahre. Nach der Vereinigung von BRD und DDR kam es zum explosionsartigen Anstieg der Arbeitslosigkeit in Ostdeutschland und zu einem wirtschaftlichen Abschwung ab 1991. Wieder startete die CDU eine Kampagne gegen AsylbewerberInnen. Der damalige CDU-Generalsekretär Rühe schickte einen Brief an alle Kreisverbände der Partei, in dem er darauf hinwies, dass sich der Unmut in der Bevölkerung gegen das praktizierte Asylrecht wendet. Um diesen Unmut weiter anzuheizen wurde ein Musterantrag für Kommunalparlamente versendet, in dem es pauschal hieß: *„Eine weitere nennenswerte Zuweisung von Asylbewerbern ist für die Stadt xxx nicht mehr verkraftbar."*[58]

Die SPD-Führung stimmte in den Chor ein, sang nur in einer anderen Tonlage. Der heutige LINKE-Politiker Oskar Lafontaine richtete seine Geschütze damals gegen Aussiedler aus Osteuropa, denen er die privilegierte Übersiedlung nach Deutschland verwehren wollte:

„Zudem muss die von der Union geförderte Aussiedlerzuwanderung gestoppt werden. In den vergangenen Jahren sind über eine Million Aussiedler als Erwerbspersonen zugewandert. Bei über vier Millionen Arbeitslosen ist das unverantwortlich."[59]

Die SPD in Baden-Württemberg, deren damaliger Landesvorsitzender übrigens der heutige LINKE-Bundestagsabgeordnete Ulrich Maurer war, schaltete 1991 eine Zeitungsanzeige mit folgendem Inhalt:

„Die SPD Baden-Württemberg will die Zuwanderung insgesamt drastisch einschränken, weil wir sonst mit der katastrophalen Wohnungsnot nicht fertig werden. Deshalb wollen wir den unkontrollierten Aussiedlerzuzug stoppen und den Missbrauch des Asylrechts beenden."[60]

Diese Propaganda war Wasser auf die Mühlen der Neonazis, die in der ersten Hälfte der 1990er Jahre massiven Terror gegen MigrantInnen und AntifaschistInnen organisierten und unter anderem für die Pogrome und Mordanschläge von Mölln, Rostock und Solingen verantwortlich waren, die in die Geschichte eingingen.

1991 kam es zu 2.598 fremdenfeindlichen Straftaten, 1992 gab es eine Verdopplung auf 5.008 und 1993 dann den Höchststand von 6.721.[161]

Bürgerliche Politiker und Regierungen bereiteten dem Nazi-Terror einerseits mit ihrer rassistischen Politik den Boden und nutzten ihn dann als Argument für eine Verschärfung des Rassismus. Als eine rassistische Meute 1992 ein Asylbewerberheim in Rostock in Brand setzte, ließen Regierung und Polizei sie stundenlang gewähren, um die Atmosphäre anzuheizen. In den offiziellen Reaktionen der Politiker wurde damals die Verurteilung solcher Gewalttaten in einem Atemzug mit der Notwendigkeit des „Missbrauchs des Asylrechts" zu beenden genannt. 1993 wurde das Grundgesetz mit den Stimmen der Regierungsparteien und der SPD geändert und das Asylrecht faktisch abgeschafft. Riesige Protestdemonstrationen und eine Belagerung des Regierungsviertels durch tausende DemonstrantInnen konnten das nicht verhindern. Seitdem ist es nahezu unmöglich in Deutschland Asyl gewährt zu bekommen, da unter anderem die so genannte Drittstaatenregelung die Ausweisung von AsylbewerberInnen in solche als „sicher" eingestuften Länder vorsieht, über die der Antragsteller nach Deutschland gereist ist.

Rassismus und Kapitalismus

Der Zusammenhang zwischen sozialen Problemen und Migrantenfeindlichkeit ist unbestreitbar. Deshalb muss der Kampf gegen Rassismus und Migrantenfeindlichkeit sich auch gegen die tieferen gesellschaftlichen Ursachen dieser Probleme richten. Doch Rassismus ist nicht die „natürliche" oder logische Reaktion von Menschen auf Angst vor Arbeitslosigkeit, Armut und sozialen Problemen. Dies bildet nur einen fruchtbaren Boden, auf dem die rassistische Saat aufgehen kann – wenn sie gesät wird und es keine überzeugenden und kraftvollen Alternativen gibt. Die „natürliche" Reaktion auf unsoziale Gesetzgebungen, Lohnsenkungen, Erhöhung des Arbeitsdrucks oder Arbeitsplatzvernichtung ist sicherlich die Schuld dafür, bei denen zu suchen, die solche Entscheidungen treffen: Regierungen und Kapitalisten. Um das zu verhindern wird die rassistische Saat bewusst von Vertretern des kapitalistischen Systems gesät – um Sündenböcke zu präsentieren, von der eigenen Verantwortung für soziale Missstände abzulenken und die Arbeiterklasse zu spalten.

Hinzu kommt die Tatsache, dass der 'ausländische Arbeiter' den inländischen als Konkurrent auf dem Arbeitsmarkt erscheint. Durch seine schlechtere rechtliche Stellung und auch durch die Tatsache, dass in den Heimatländern oftmals deutlich niedrigere Löhne gezahlt werden, ist der vereinzelte, nicht gewerkschaftlich organisierte migrantische Arbeiter leicht als Lohndrücker zu missbrauchen. Daraus ergibt sich ein grundlegendes Interesse des Kapitalisten an einer gewissen Arbeitsmigration. Dies kann nur dadurch begegnet werden, dass migrantische Lohnabhängige in die Reihen der Gewerkschaften und anderer Arbeiterorganisationen aufgenommen werden, damit die Konkurrenzsituation genauso aufgehoben wird, wie Gewerkschaften sie ja auch zwischen den Arbeitern einer Nation aufzuheben versuchen.

Schon Karl Marx wies auf die Funktion der Spaltung der Arbeiterklasse durch Nationalismus am Beispiel der Unterdrückung der irischen Bevölkerung durch den englischen Kapitalismus hin:

„Alle industriellen und kommerziellen Zentren Englands besitzen jetzt eine Arbeiterklasse, die in zwei feindliche Lager gespalten ist, in englische proletarians und irische proletarians. Der gewöhnliche englische Arbeiter hasst den irischen Arbeiter als einen Konkurrenten, welcher den [Lebensstandard] herabdrückt. Er fühlt sich ihm gegenüber als Glied der herrschenden Nation und macht sich eben deswegen zum Werkzeug seiner Aristokraten und Kapitalisten gegen Irland, befestigt damit deren Herrschaft über sich selbst. Er hegt religiöse, soziale und nationale Vorurteile gegen ihn. (...) Der Irländer [zahlt ihm mit gleicher Münze zurück]. Er sieht zugleich in dem englischen Arbeiter den Mitschuldigen und das stupide Werkzeug der englischen Herrschaft in Irland.
Dieser Antagonismus wird künstlich wach gehalten und gesteigert durch die Presse, die Kanzel, die Witzblätter, kurz, alle den herrschenden Klassen zu Gebot stehenden Mittel. Dieser Antagonismus ist das Geheimnis der Ohnmacht der englischen Arbeiterklasse, trotz ihrer Organisation. Er ist das Geheimnis der Machterhaltung der Kapitalistenklasse. Letztere ist sich dessen völlig bewusst."[162]

Ersetze Engländer und Ire durch Deutscher und Migrant beziehungsweise Muslim und die Parallelen sind offensichtlich.

Deshalb muss der Kampf gegen Rassismus mit dem Kampf gegen Arbeitslosigkeit, Armut und letztlich gegen den Kapitalismus verbunden werden, wenn er erfolgreich sein will. Der schwarze Bürgerrechtler Malcolm X sagte dazu in einer Rede im Mai 1964:

„... die Leute werden erkennen, dass es für ein Huhn unmöglich ist, ein Entenei zu legen (...) Ein Huhn hat es einfach nicht innerhalb seines Systems ein Entenei zu erzeugen. Es kann nur gemäß dem produzieren, zu welcher Produktion dieses bestimmte System konstruiert wurde. Das System in diesem Land (den USA, A.d.A.) kann nicht Freiheit für einen Afroamerikaner produzieren. Es ist unmöglich für dieses System, dieses Wirtschaftssystem, dieses politische System, dieses Gesellschaftssystem ... Und wenn jemals ein Huhn ein Entenei gelegt hat, ich bin ganz sicher, ihr werdet sagen, dass das gewiss ein revolutionäres Huhn war! (...) Es ist unmöglich für eine weiße Person, an den Kapitalismus zu glauben und nicht an den Rassismus zu glauben. Es gibt keinen Kapitalismus ohne Rassismus!"[63]

Kommt die Sarrazin-Partei?

18 Prozent der Deutschen können sich vorstellen, eine Sarrazin-Partei zu wählen. Das ergab eine EMNID-Umfrage auf dem Höhepunkt der Debatte im September 2010. Angesichts der Ergebnisse einer wenige Wochen später veröffentlichten Studie der Friedrich-Ebert-Stiftung, in der knapp 25 Prozent der Deutschen als ausländerfeindlich eingestuft werden und ein Drittel das Land als „überfremdet" betrachtet, erscheinen die 18 Prozent gar nicht mal besonders hoch.[164]

Solche Zahlen sind immer mit Vorsicht zu genießen. Sie geben nicht unbedingt feste Überzeugungen wieder, sondern Stimmungen, die auch durch Medienkampagnen und Parteienpropaganda, wie im Fall Sarrazin, konstruiert werden. Sie sind aber eine ernstzunehmende Warnung: Es gibt auch in Deutschland das Potenzial für eine Partei rechts von CDU/CSU.

Rechtspopulismus in Europa und Deutschland

Rechtspopulistische Parteien konnten in den letzten Jahren in vielen europäischen Ländern Erfolge erzielen. Dieser Trend ist seit der Wiederherstellung des Kapitalismus in der früheren Sowjetunion und den Staaten des so genannten Ostblocks zu beobachten. Dazu gehören die Freiheitliche Partei Österreichs (FPÖ) und deren Abspaltung Bündnis Zukunft Österreich (BZÖ), die Schwedendemokraten, die von Geert Wilders geführte Partei für die Freiheit (PVV) in den Niederlanden, der Vlaams Belang in Belgien, Jobbik in Ungarn, die Dänische Volkspartei, die Lega Nord in Italien, die norwegische Fortschrittspartei, die Schweizerische Volkspartei und Le Pens Front National in Frankreich.

In Deutschland gibt es keine vergleichbare Kraft, die sich auf nationaler Ebene parlamentarisch etablieren oder zumindest bedeutende Wahlerfolge erzielen konnte. Während in einigen Kommunal- und Landesparlamenten die neofaschistischen NPD und DVU eingezogen sind, sind wir von einem Einzug einer solchen

Partei in den Bundestag bisher verschont geblieben. Versuche, rechtspopulistische Parteien zu gründen, die sich (zumindest verbal) vom Faschismus distanzieren, gab es einige. Am bekanntesten war die Partei Rechtsstaatliche Ordnung (PRO), die als Schill-Partei - benannt nach ihrem Gründer Ronald Barnabas Schill, dem „Richter Gnadenlos" - für kurze Zeit für Furore sorgte. Sie erzielte bei ihrer ersten Kandidatur für die Hamburger Bürgerschaft im Jahr 2001 auf Anhieb 19,4 Prozent und bildete eine Koalition mit der CDU. Ihr Versuch, sich bundesweit auszudehnen, scheiterte bei den Bundestagswahlen 2002. Nach diversen Skandalen wurde Schill aus der eigenen Partei geworfen und diese 2007 aufgelöst. In der ersten Hälfte der 1990er Jahre war Hamburg schon einmal Ort des Versuchs, eine neue Partei zu gründen, die sich als Anti-Establishment-Kraft mit dem Namen Statt-Partei versah und auch in die Bürgerschaft einzog, um schnell wieder in der Versenkung zu verschwinden. Versuche der CSU-Dissidentin Gabriele Pauli, aus den bayerischen Freien Wählergemeinschaften, die oftmals kommunale Wahlerfolge erzielen, eine einflussreiche bundesweite Partei zu machen, scheiterten ebenfalls.

Eine relativ neue Gruppierung ist die von ehemaligen Funktionären von NPD, Republikanern und Deutsche Liga ins Leben gerufene Bewegung ProDeutschland. Diese wurde in Köln als ProKöln gegründet. Dort gelang ihr 2004 mit 4,7 Prozent der Einzug in den Stadtrat. Bei den Kommunalwahlen 2009 konnte sie ihren Stimmenanteil auf 5,4 Prozent ausdehnen. Sie versuchen, diese Position politisch, organisatorisch und finanziell zu nutzen, um sich in Nordrhein-Westfalen und bundesweit auszudehnen. Ihr erklärtes Ziel ist es, zu führenden Kraft im rechten Lager zu werden. Die Ausdehnung auf einige Städte in NRW ist zwar gelungen, aber ein Durchbruch bei den Landtagswahlen 2010 gelang nicht. ProNRW erzielte nur 1,4 Prozent der Stimmen. Die bundesweite Ausdehnung als ProDeutschland stellt bisher nur einen Namen dar; bisher ist die Gruppierung nur in Berlin aktiv.

ProKöln versucht sich als „demokratische Bürgerbewegung" darzustellen und konzentriert ihre Propaganda auf eine Kampagne gegen den Islam. Ihre Kölner Gruppe hatte es geschafft, die logistische und politische Unterstützung größerer Rechtsparteien aus

Europa, wie der FPÖ und vor allem des flämischen Vlaams Belang aus Belgien, für ihre pompös beworbenen und letztlich gefloppten „Anti-Islam-Kongresse" 2008 und 2009 zu bekommen.

Die Gruppierung ist weit davon entfernt, eine ähnliche Rolle wie die FPÖ oder der Vlaams Belang zu spielen. Trotz aller demokratischer Nebelwolken stinken ProKöln und ProDeutschland geradezu nach Faschismus. Gründe sind die noch 2003 praktizierte Zusammenarbeit mit offenen Nazis wie der NPD und so genannten Kameradschaften, aber auch die Herkunft ihrer Führungsleute aus eindeutig faschistischen Gruppen. ProKöln-Mitglieder fallen auch immer wieder dadurch auf, dass sie Nazi-Sympathien äußern, Kontakte zu Kameradschaften haben und Gewalttäter mit Hang zu unberechenbaren Ausbrüchen sind. Die Pro-Bewegung ist deshalb eher als eine faschistische Tarnpartei zu verstehen. Ihre Strategie, ihre Wählerschaft zu verbreiten führte aber zu einer Reduzierung der Kontakte zu offen auftretenden Nazis. Es ist durchaus möglich, dass die faschistischen Tendenzen sich so mit der Zeit abschleifen und ProKöln/ProDeutschland zu einer „normalen" rechtspopulistischen Gruppierung wird – auch weil Faschisten von deren Anpassung und „Spießertum" abgeschreckt sind und sich anderen Gruppen zuwenden.[165]

Das Bürgertum und der Rechtspopulismus

Die Reaktionen auf Sarrazins Buch aus dem bürgerlichen Establishment stehen auch in einem Zusammenhang mit den Aussichten für die Entstehung einer politischen Kraft rechts von CDU/CSU. Die einen, vor allem die etablierten PolitikerInnen aus den bürgerlichen Parteien, fürchten aus Eigeninteresse eine Konkurrenz durch eine neue rechtspopulistische Partei. Ihr Versuch, Sarrazin zu demontieren, und seine Entfernung aus dem Vorstand der Bundesbank hatte auch etwas damit zu tun. Das ist zwar kurzsichtig gedacht, denn gerade ein Bruch mit dem bürgerlichen Establishment würde Sarrazin zu einem realistischen Kandidaten für die Führung einer rechten Partei machen. Aber in den Äußerungen Merkels, Wulffs und anderer drückt sich die Sorge aus, dass eine „deutsche FPÖ" ihnen Wählerstimmen und damit Abgeordnetenmandate, Geld und Einfluss rauben könnte. Es gibt aber auch Teile der herrschenden bürgerlichen Klasse, die weitsichtiger sind und deren Interessen nicht an Parteipolitik geknüpft sind. Die BILD-Zeitung steht für diesen Teil des Bürgertums, der sich eine rechtspopulistische Kraft wünscht - um die Sorgen und Ängste der Bevölkerung in eine rechte Ecke abzulenken und eine weitere Stärkung der Linken zu verhindern, und um durch eine solche Partei eine größere gesellschaftliche Basis für Sozialabbau und neoliberale Politik zu erreichen.

Dass es auch aus der CDU/CSU heraus zu Unterstützung für eine solche Partei kommen kann, zeigt unter anderem die Aktion „Linkstrend stoppen" vom rechten Rand der Union, die sich gegen eine angebliche Linksentwicklung ihrer Parteien richtet. In einem Interview sagte Klaus Hornung, einer der Erstunterzeichner des Appells, der bisher von knapp 7.000 Personen unterschrieben wurde, auf die Frage, ob er eine neue rechtskonservative Partei als Chance oder Gefahr sehe: *„Ich betrachte das nicht als Gefahr. Es wäre die dringende politische Antwort auf den Sozialdemokratisierungs- und Säkularisierungskurs der heutigen Union."*[166]

Die Lage in Deutschland

Dass es in der Bundesrepublik noch nicht zur erfolgreichen Bildung einer solchen Partei gekommen ist, hat sicher unterschiedliche Gründe. Die subjektive Situation der diversen Kräfte rechts von CDU/CSU spielt dabei eine Rolle. Die neofaschistischen Traditionen aller relevanten Formationen rechts der Union bedeuten auch eine gewisse Grenze für ihre Entwicklungsfähigkeit angesichts der Nazi-Vergangenheit Deutschlands und dem in der Breite der Bevölkerung vorhandenen Bewusstsein über die Schrecken der Nazi-Diktatur.

Wahlerfolge für NPD und DVU basierten vor allem auf Proteststimmen und weniger auf einer festen Wählerbasis, auch wenn es der NPD gelungen ist, in einigen Gebieten eine funktionierende Organisationsstruktur aufzubauen und sich eine gewisse soziale Verankerung in Teilen der Bevölkerung zu schaffen. Deshalb ist ihr der Wiedereinzug in den sächsischen Landtag gelungen, dies war davor nur der DVU in Brandenburg gelungen. Sonst waren rechtsextreme Parteien immer auf einer Protestwelle in Landtage oder im Falle der Republikaner 1989 ins Europaparlament gewählt worden, hatten sich dann entzaubert (meistens dadurch, dass sie diese Parlamentspositionen vor allem zur eigenen Bereicherung nutzten, sich in internen Konflikten zerlegten, aber sicher nie etwas für einfache Menschen erreichten) und wurden nicht wieder gewählt. Die Fusion von NPD und DVU ist nun der Versuch, die extreme Rechte zu reorganisieren, aber es ist nicht zu erwarten, dass die NPD das für eine rechtspopulistische Partei bestehende Vakuum auf breiter Front füllen wird. Trotzdem bleibt die NPD eine ernsthafte Gefahr für MigrantInnen, AntifaschistInnen, die Arbeiterbewegung und für demokratische Rechte.

Die internen Streitereien und Profilneurosen der (selbsternannten) Führungspersonen waren sicher auch ein Faktor, der die Bildung einer neuen rechten Partei bisher verhindert hat. Hinzu kommt einerseits, dass es CDU/CSU immer wieder mit rassistischen Kampagnen und ausländerfeindlicher Politik versucht haben, die bewusst rechtsnationale Klientel an sich zu binden. Eine Grauzone zwischen Unionsparteien und rechtsextremen Kräften gibt es seit der Gründung der Bundesrepublik.

Andererseits ist es der Partei DIE LINKE seit der gemeinsamen Kandidatur von WASG und PDS bei den Bundestagswahlen 2005 gelungen, die Unzufriedenheit mit dem kapitalistischen Establishment, mit Sozialabbau und Arbeitslosigkeit in Wählerstimmen zu verwandeln und diese Themen von links zu besetzen. Sie hat zweifellos eine wichtige Rolle dabei gespielt, die Entwicklung einer rechtspopulistischen Partei in den letzten Jahren zu verzögern. Die reine Existenz der LINKEN ist dafür aber keine unbegrenzte Garantie. Wenn die Partei die in sie gesetzten Hoffnungen enttäuscht, kann das in Teilen der Bevölkerung inklusive ihrer eigenen Wählerschaft zu einer Gegenreaktion führen. Das konnte man in den Bundesländern sehen, in denen die PDS sich an Koalitionsregierungen mit der SPD beteiligte. Das hat die Partei für viele Menschen unattraktiv dafür gemacht, durch eine Stimmabgabe für sie Opposition und Protest gegen die bestehenden Verhältnisse auszudrücken. Nach der Tolerierung einer SPD-Minderheitsregierung in Sachsen-Anhalt und der Beteiligung an der Regierungskoalition mit der SPD in Mecklenburg-Vorpommern zogen bei den nächsten Landtagswahlen DVU beziehungsweise NPD in die Landtage ein.

In Berlin erzielte die NPD bei den Abgeordnetenhauswahlen 2006 nach der ersten Legislaturperiode des SPD/PDS-Senats 2,6 Prozent. Ein größerer rechter Wahlerfolg wurde auch dadurch verhindert, dass mit der Berliner WASG (und auch der Partei Die Grauen) eine Alternative zur PDS auf dem Wahlzettel zu finden war, mit denen man den Protest gegen Privatisierungs- und Sozialabbaupolitik des Senats zum Ausdruck bringen konnte. Natürlich hat die WASG nicht vor allem potenzielle WählerInnen rechter Parteien mobilisiert, aber sie hatte während des Wahlkampfs den Raum für politischen Protest gegen die Senatspolitik und gegen „die da oben" besetzt und rechtsradikalen Kräften so Spielraum genommen.

Wenn DIE LINKE die Politik von Regierungsbeteiligungen fortsetzt, wird sie einer neuen rechtspopulistischen Partei dadurch den Boden mit bereiten. Enttäuscht sie dadurch die WählerInnen, die sie als eine sich dem bürgerlichen Establishment verweigernde Oppositionspartei wählen, wird der politische Raum für Rechtspopulismus größer. Auch eine Schicht von LINKE-WählerInnen kann dann das (Wahl-)Lager wechseln. Das zeigt sich unter anderem daran, dass 29 Prozent der LINKE-WählerInnen sich vorstellen können, eine Sarrazin-Partei zu wählen.[167]

Faschismus und Rechtspopulismus

Wieso sollte man eine Unterscheidung zwischen rechtspopulistischen und faschistischen Parteien machen? Erstere sind vor allem Wahlparteien, denen es gelungen ist, Proteststimmen zu mobilisieren. Sie sind oftmals rassistisch, machen MigrantInnen zu Sündenböcken, bedienen antisemitische Vorurteile, treten stark nationalistisch auf, sind für den Abbau demokratischer Rechte und verteidigen die kapitalistische Ordnung. Das alles haben sie mit faschistischen Kräften gemeinsam (und in geringerer Schärfe oftmals auch mit den traditionellen bürgerlichen Parteien). Aber der Faschismus war eine auf aktiver Mitgliedschaft beruhende

Massenbewegung, die die Aufgabe hatte, mit direkter physischer Gewalt gegen die Arbeiterbewegung, linke Parteien und demokratische Rechte insgesamt vorzugehen und diese zu zerschlagen.

Faschistische Parteien heute agieren vor einem anderen historischen Hintergrund. Der Kapitalismus ist zur Zeit nicht durch eine starke sozialistische Arbeiterbewegung in seiner Existenz gefährdet. Faschistische Parteien haben deshalb andere Voraussetzungen und eine andere Funktion. Sie werden vor als politisch-ideologischer Rammbock gegen die Rechte der MigrantInnen und linke Bewegungen vom Establishment toleriert und stellen so etwas wie Hilfstruppen des Kapitals dar. In ihren Reihen haben sie allerdings auch Schlägerbanden oder zumindest direkte Verbindungen zu solchen und stehen meist in einer direkten Tradition und Bezugnahme zu den Nazis. Das macht sie zu faschistischen Parteien, denn in ihrer Ideologie und ihrer Militanz spiegelt sich der historische Faschismus.

Aber natürlich sind die Trennlinien nicht immer ganz scharf. Es gibt Verbindungen rechtspopulistischer Parteien zu neofaschistischen Kräften, zum Teil präsentieren sich Faschisten auch nur gemäßigter. Aber die Tatsache, dass einzelne Faschisten in ihren Reihen oder auch Führungsgremien sind, verleiht diesen Parteien noch keinen faschistischen Charakter. Und es bedeutet vor allem auch, dass eine Regierungsbeteiligung solcher Parteien, zu der es ja zumindest in Koalitionen (zum Beispiel in Italien, Österreich oder zur Zeit indirekt in den Niederlanden) schon gekommen ist, keinen Schritt zur Errichtung einer faschistischen Diktatur darstellt.

Das ist keine akademische Auseinandersetzung um Begrifflichkeiten. Es war vor Hitlers Machtergreifung ein wesentlicher Fehler der damaligen Führung der Kommunistischen Partei Deutschlands (KPD), dass sie die autoritären Regierungen vor dem 30. Januar 1933 (die Regierungen Brüning und von Papen) als faschistisch bezeichnete und dadurch versäumte, ihre AnhängerInnen und die Arbeiterklasse auf die besondere Bedrohung, die von Hitlers NSDAP ausging, vorzubereiten.

Der russische Revolutionär Leo Trotzki warnte 1932 mit prophetischen Worten vor dieser besonderen Gefahr, die von den Nazis ausging:

„Der Faschismus ist nicht einfach ein System von Repressionen, Gewalttaten, Polizeiterror. Der Faschismus ist ein besonderes Staatssystem, begründet auf der Ausrottung aller Elemente proletarischer Demokratie in der bürgerlichen Gesellschaft. Die Aufgabe des Faschismus besteht nicht allein in der Zerschlagung der proletarischen Avantgarde, sondern auch darin, die ganze Klasse im Zustand erzwungener Zersplitterung zu halten. Dazu ist die physische Ausrottung der revolutionärsten Arbeiterschicht ungenügend. Es heißt, alle selbständigen und freiwilligen Organisationen zu zertrümmern, alle Stützpunkte des Proletariats zu zerstören und die Ergebnisse eines dreiviertel Jahrhunderts Arbeit der Sozialdemokratie und der Gewerkschaften zu vernichten. Denn auf diese Arbeit stützt sich in letzter Instanz auch die Kommunistische Partei."[168]

Trotzkis Warnung bestätigte sich unmittelbar nach Hitlers Machtergreifung mit dem Verbot und der brutalen Auflösung der Arbeiterparteien und Gewerkschaften und der Verfolgung, Inhaftierung und Tötung zahlreicher AktivistInnen der Arbeiterbewegung.

Eine solche Bewegung gibt es zur Zeit nicht und es ist auch nicht zu erwarten, dass sie sich in naher Zukunft entwickeln kann. Das hat unterschiedliche Gründe. Zum einen besteht die klassische Massenbasis für faschistische Bewegungen in den kleinbürgerlichen Mittelschichten. In den 1930er Jahren waren das vor allem Bauern und kleine Gewerbetreibende und Selbständige, die durch die Weltwirtschaftskrise hart getroffen worden waren und oftmals vor dem Ruin standen. Sie sahen ihr bescheidenes Privateigentum an Land oder einer kleinen Firma durch das große Kapital und durch die Arbeiterbewegung bedroht. Hitler präsentierte die Juden (die sowohl für das Finanzkapital als auch für den Bolschewismus verantwortlich gemacht wurden) als Sündenbock und versprach dem Kleinbürgertum, sein Eigentum zu verteidigen. Dass er das niemals plante, sondern als Retter des Kapitalismus vor der sozialistischen Revolution fungierte und die ökonomische Macht der Kapitalisten niemals ernsthaft einschränken wollte, wurde den verängstigten Kleinbürgern erst klar, als es zu spät war. Trotzki sagte zum Verhältnis Hitlers zu seiner politischen Propaganda:

„Das Programm war für die Nazis nötig, um an die Macht zu kommen, aber die Macht dient Hitler durchaus nicht dazu, das Programm zu erfüllen."[169]

Aber auch die Kapitalisten, die Hitlers Nazis finanzierten und bewusst an die Macht brachten, haben heute kein Interesse an der Errichtung eines faschistischen Staates. Denn sie mussten feststellen, dass sie die faschistischen Diktatoren nicht unter Kontrolle halten konnten, und verbrannten sich die Finger. Sie werden andere Formen des Demokratieabbaus und der Schaffung autoritärer Regierungen wählen, bevor sie ihr Schicksal noch einmal in die Hand eines faschistischen Diktators geben.

Ursachen für das Erstarken von Rechtsparteien

Die rechtspopulistischen Kräfte, die seit Beginn der 1990er Jahre entstanden sind, sind gefährlich, aber sie bedrohen die Arbeiterbewegung und demokratische Rechte nicht in der absoluten Art und Weise, wie es faschistische Bewegungen in der Vergangenheit taten. Selbst wenn rechtspopulistische Kräfte an die Regierung kommen, führt das nicht zu einer so qualitativen Veränderung des Kräfteverhältnisses zwischen der herrschenden Klasse und der Arbeiterklasse. Die Regierungsbeteiligung rechtspopulistischer Parteien in verschiedenen Ländern Europas hat in keinem Fall dazu geführt, dass die Kampfkraft der Arbeiterklasse massiv oder längerfristig geringer oder gar die Arbeiterorganisationen zerstört wurden.

Diese Kräfte sind vor allem Ausdruck einer wachsenden Entfremdung von Teilen der Mittelschichten, der Arbeiterklasse und auch der untersten deklassierten Schichten der Gesellschaft mit den bürgerlichen Parteien und Institutionen. Sie gewinnen Wählerstimmen, weil sie sich als Kräfte gegen Politikerklüngel, Korruption und das ganze Establishment präsentieren. Sie nutzen die soziale Verunsicherung vieler Menschen angesichts der neuen Weltlage seit Anfang der 1990er Jahre aus. Dabei können sie nationalistische Reflexe gegen den Prozess der Globalisierung, die Einführung des Euro, Sorgen vor den Folgen starker Zuwanderung im Zusammenhang mit der wachsenden Massenarbeitslosigkeit etc. ausnutzen.

In einer Stellungnahme aus dem Jahr 2000 schrieb die SAV zum Erstarken faschistischer Parteien in Deutschland (was auf die rechtspopulistischen Kräfte europaweit übertragbar ist):

„Es gibt drei Hauptfaktoren für das Erstarken der faschistischen Bewegung, die in einem Zusammenhang miteinander stehen. Diese sind: Die soziale Krise, der staatliche Rassismus, und der Rechtsruck bzw. die Untätigkeit der Führung der organisierten Arbeiterbewegung.

Die soziale Krise, also akute soziale Probleme und Zukunftsängste, haben zu einer Entfremdung von den bürgerlichen Institutionen geführt und eine Offenheit für radikale Lösungsangebote unter Teilen des Mittelstands, der Arbeiterklasse und bei Arbeitslosen und Jugendlichen entstehen lassen. Soziale Probleme führen nicht automatisch zu Rassismus oder Unterstützung für faschistische Organisationen. Sie werden aber von den Faschisten ausgenutzt, indem sie mit ihrer sozialen Demagogie (zum Beispiel NPD-Parole „Arbeit statt Profite") erstens den Eindruck vermitteln, sie würden die Interessen der „kleinen Leute" vertreten, und zweitens mit ihrem Rassismus einen Sündenbock für die sozialen Probleme liefern. Dies wird aber nur möglich, weil die etablierten gesellschaftlichen Kräfte (von CDU/CSU über SPD bis hin zu einzelnen GewerkschaftsführerInnen und den Medien) ihrerseits in unterschiedlicher Art und Weise Einwanderung und ImmigrantInnen zur Ursache für soziale Probleme abgestempelt haben und sich rassistische Vorurteile deshalb in Teilen der Bevölkerung ausbreiten konnten. Die Faschisten können sich so als die Kraft darstellen, die bereit ist, das „Problem AusländerInnen" radikal anzugehen. Durch den Rechtsruck in der Führung der Arbeiterbewegung und die Schwäche der Linken gibt es keine starke und kämpferische Alternative, die einen Weg aufzeigt, gegen Unternehmer und Regierung zu kämpfen."[70]

Die hier erwähnte Krise der Arbeiterbewegung nach der kapitalistischen Restauration in den früheren stalinistischen Staaten war ein wesentlicher Faktor für den Erfolg rechter Parteien. Diese Krise löste eine ideologische und politische Offensive der Kapitalistenklassen weltweit aus. Neoliberale Deregulierung wurde zum Dogma der Wirtschaftspolitik und eroberte auch die früheren sozialdemokratischen Parteien. Diese hatten über Jahrzehnte einen Doppelcharakter gehabt: während ihre Führungen den Kapitalismus verteidigten, besaßen sie eine aktive Massenbasis in der Arbeiterklasse, auf die ihre Führungen Rücksicht nehmen mussten. So stellten sie trotz des pro-kapitalistischen Charakters ihrer offiziellen Politik eine gewisse Bremse für die Durchsetzbarkeit von Angriffen auf die Arbeiterklasse dar. Diese Parteien verloren nun mehr und mehr ihre Arbeiterbasis und verwandelten sich von Arbeiterparteien mit bürgerlichen Führungen in durch und durch bürgerliche, pro-kapitalistische Parteien, die in vielen Ländern Regierungen bildeten, die massive Angriffe auf den Lebensstandard der Bevölkerung durchführten - Schröders „Agenda 2010" ist dafür ein Beispiel.

Die alten Kommunistischen Parteien, die die stalinistischen Diktaturen verteidigt hatten, erwiesen sich als unfähig, den Platz der Sozialdemokratie einzunehmen und eine linke Alternative anzubieten. Sie waren durch den Zusammenbruch des Stalinismus politisch desorientiert und organisatorisch geschwächt. Einige entwickelten sich nach rechts und landeten bei pro-kapitalistischen Positionen, wie die frühere Kommunistische Partei in Italien. Andere versanken in der Bedeutungslosigkeit. Es gab also keine starke linke Alternative zu den meist neuen rechtspopulistischen Kräften, die in ihrer Propaganda die Sorgen, Ängste und Stimmungen der einfachen Leute aufgriffen. Der Rückgang im sozialistischen und antikapitalistischen Bewusstsein, der in den 1990er Jahren in weiten Teilen der Arbeiterklasse und der Jugend stattfand, machte es den Rechten ebenfalls einfacher. Neue linke Parteien entstanden mit einiger Verzögerung, und in einigen Fällen, wie bei der niederländischen Sozialistischen Partei, passten sie sich durch kommunale Regierungsbeteiligungen an die etablierten Parteien an und entwickelten kein ausreichend klares, oppositionelles und antikapitalistisches Profil, so dass sie den Rechtspopulisten nicht das Wasser abgraben konnten. Das ist auch der wesentliche Grund dafür, dass bei Wahlen seit dem Beginn der Weltwirtschaftskrise in den meisten europäischen Ländern rechtspopulistische Parteien Erfolge erzielen konnten, mehr als linke Parteien, wenn solche überhaupt mit einer gewissen Substanz an Mitgliedern und Einfluss existieren.

Eine Erfahrung ist aber auch, dass diese Gründe für die Wahlerfolge der Rechtspopulisten auch Ursachen für ihre Instabilität sind. Denn ihre Unterstützung basiert in der Regel nicht auf Zustimmung zu ihrem Programm, sondern auf einer Hoffnung, dass sie für etwas stehen, wofür sie gar nicht stehen - nämlich tatsächliche Opposition zum Establishment. Wenn diese Parteien in Regierungen kommen, müssen sie in der Regel die Hosen runter lassen und entpuppen sich als das, was sie wirklich sind: pro-kapitalistische und arbeiterfeindliche Kräfte.

Aussichten

Wird Sarrazin nun der Führer einer neuen rechten Partei in Deutschland? Das ist nicht ausgeschlossen. Einerseits gibt es – jedenfalls auf Seiten der Rechtsradikalen – Berührungsängste durchaus nicht. Die NPD attestiert ihm „nationaldemokratischen Geist", und PRO Deutschland bot ihm gar die Mitgliedschaft und den Parteivorsitz an. Aufgrund der faschistischen Hypothek dieser Kräfte ist aber eher mit der Neugründung einer rechtspopulistischen Partei zu rechnen, wie dies ja auch im Jahr 2010 mit der Gründung der Partei „Die Freiheit" von dem ehemaligen Berliner CDU-Politiker René Stadtkewitz versucht wurde. Sarrazin wird wahrscheinlich erst einmal sein Ausschlussverfahren in der SPD abwarten, um - wenn überhaupt - als „Märtyrer" seine politische Karriere fortzusetzen. Andererseits ist Sarrazin ein Vertreter des Establishments, war Finanzsenator und Bundesbank-Vorstand, und aufgrund seiner elitären Vorstellungen und offenen Verachtung für die Arbeiterklasse und die Erwerbslosen ist er nicht die am Besten geeignete Person, um einer neuen rechten Partei auch bei den armen Teilen der Bevölkerung eine Basis zu verschaffen.

Es ist also nicht vorhersehbar, wann, wie und mit welchem Führungspersonal eine neue rechte Partei entstehen wird. Dass eine solche Partei kommen wird, ist aber sehr wahrscheinlich. Spätestens wenn sich der so genannte „Aufschwung XL" als Chimäre entpuppt, die Debatten um die Aufrechterhaltung des Euro zunehmen und auch in Deutschland Widerstand in der Arbeiterklasse gegen die herrschende Politik zunimmt, wird die Gründung einer neuen Partei auf die Tagesordnung kommen. Wie wir es in vielen anderen Ländern schon beobachten können, werden die traditionellen bürgerlichen Parteien und die Sozialdemokratie nicht in der Lage sein, die große Mehrheit der WählerInnen an sich zu binden. Ihre Verantwortung für Sozialabbau und prokapitalistische Politik, ihre Arroganz der Macht, die zunehmende soziale Krise und gesellschaftliche Polarisierung werden immer Menschen von ihnen abstoßen. Nur eine starke linke Arbeiterpartei wäre ein Garant, um eine rechtspopulistische Partei klein zu halten. Eine solche kann dann aber auch aus einer Umgruppierung von Kräften aus den bestehenden bürgerlichen Parteien, zusammen mit bekannten Einzelpersonen, entstehen. Das kann schon zu den nächsten Bundestagswahlen der Fall sein, nicht zuletzt, weil für die Bürgerlichen ihre klassische Wunschkoalition aus CDU/CSU und FDP zur Zeit nicht mehr umsetzbar scheint. Auch der Niedergang der FDP macht die Option auf eine weitere rechte Partei aus Sicht der herrschenden Klasse dringender.

Wie die Rechten bekämpfen?

„Faschismus ist keine Meinung, sondern ein Verbrechen" ist ein Leitsatz der antifaschistischen Bewegung, mit dem zum Beispiel die jährlichen Blockaden des Nazi-Aufmarsches in Dresden begründet werden. Es ist richtig, sich Nazis entgegen zu stellen, wenn sie aufmarschieren oder ihre Hetze verbreiten wollen, mit dem Ziel, das zu verhindern. Weil sie das Ziel haben, alle demokratischen Rechte abzuschaffen, sollten ihnen diese gar nicht gewährt werden. Man gibt ja einem Massenmörder auch keine Maschinenpistole in die Hand. Proteste gegen die offen und aggressiv rassistischen Kräfte von ProDeutschland oder von rechtspopulistischen Gruppierungen sind ebenso legitim, weil diese Leute Rassismus verbreiten und dem deutliche Zeichen entgegengesetzt werden müssen.
Aber solche nötigen direkten Aktionen können nur ein Teil einer antifaschistischen und antirassistischen Strategie sein. Entscheidend ist der Kampf gegen die Ursachen für das Erstarken faschistischer, rassistischer und rechtspopulistischer Kräfte.

Um eine antifaschistische Politik zu betreiben, die auf die wahren Verursacher von sozialen Problemen und Rassismus hinweist, muss man die Dinge beim Namen nennen. Versucht man

CDU/CSU, FDP, B90/Die Grünen, SPD, Unternehmer, Kirchen und Medien in antifaschistische und antirassistische Bündnisse einzubeziehen, wird man zwangsläufig auf klare politische Aussagen verzichten müssen. Ohne politische Antworten zu den drängenden sozialen Fragen kann man das Problem aber nicht an der Wurzel packen und dauerhaft auch keine starke antifaschistische und antirassistische Bewegung aufbauen. Gerade um diejenigen Schichten der Bevölkerung zu erreichen, die für die Propaganda der Rechten aufgrund ihrer sozialen Situation anfällig sein können, muss man eine Perspektive zur Lösung der sozialen Probleme aufzeigen. Und wenn man sagt, dass MigrantInnen nicht für diese Probleme verantwortlich sind, muss man sagen, wer denn dafür verantwortlich ist. Das geht zusammen mit den etablierten Parteien offensichtlich nicht.

Eine Abgrenzung vom bürgerlichen Establishment bedeutet nicht, dass SPD- und Grünen-WählerInnen bzw. untere Gliederungen dieser Parteien (und auch WählerInnen und Mitglieder von CDU/CSU oder FDP) bei solchen Demonstrationen nicht willkommen wären. Von einem eindeutigen antirassistischen Programm und einer Abgrenzung von Sozialabbau und Arbeitsplatzvernichtung sollten antifaschistische Bündnisse aber keinen Abstand nehmen, um SPD- und Grünen-Gliederungen zu gewinnen.

Mit dem bürgerlichen Establishment gegen Rechtsextremismus zu kämpfen, wäre so, als ob man einen Pyromanen zum Feuerlöschen einlädt. Nötig ist eine breite und geschlossene Bewegung von ArbeiterInnen, Jugendlichen und Erwerbslosen aller Nationalitäten, die sich den Rechten entgegen stellt, ihnen die Straße, aber auch Sportvereine, Eckkneipen und Fußballstadien streitig macht. Dabei können vor allem die Gewerkschaften eine zentrale Rolle spielen. Leider wollen GewerkschaftsführerInnen die potenzielle Kraft der über sechs Millionen starken DGB-Gewerkschaften oftmals nicht ernsthaft gegen die Gefahr von Rechts einsetzen. Dann muss von innen und außen Druck ausgeübt werden und untere Gliederungen müssen selbständig in Aktion treten.

Vor allem aber muss eine politische Alternative aufgebaut werden, die der arbeitenden Bevölkerung eine Perspektive für einen gemeinsamen Kampf zur Lösung der sozialen Missstände anbietet.

Eine Beschränkung auf einen moralisierenden Antifaschismus und Antirassismus reicht nicht aus. Die zentrale Rolle könnte dabei die Partei DIE LINKE spielen, wenn sie einen klaren antikapitalistischen Kurs einschlägt, eine glaubwürdige Anti-Establishment-Haltung einnimmt, Regierungsbeteiligungen mit prokapitalistischen Parteien (die zwangsläufig zu Sozialabbau und arbeitnehmerfeindlicher Politik führen) ablehnt und ihre ganze Kraft darauf konzentriert, massenhaften Widerstand gegen Kürzungspolitik, Privatisierungen, Arbeitsplatzvernichtung, Bildungsabbau und die prokapitalistische Politik der anderen Parteien aufzubauen. Das wird angesichts der immer schärfer werdenden Euro-Krise eine große Herausforderung, denn diese wird früher oder später den Boden für einen wachsenden Nationalismus bieten, wie man es während der Griechenland-Krise 2010 schon ansatzweise beobachten konnte. Die Forderung nach einem Ausstieg aus dem Euro und der Wiedereinführung der D-Mark, die heute schon von der Hälfte der Bevölkerung in Meinungsumfragen unterstützt wird, könnte dabei von rechten Kräften eingesetzt werden. Dem muss eine linke, internationalistische Alternative entgegen gestellt werden, die die arbeitenden Menschen Europas nicht gegeneinander aufhetzt, sondern zum gemeinsamen Widerstand gegen die kapitalistische EU und die nationalen Regierungen aufruft.

Alternativen zu Sarrazin und wie man sie erreichen kann

Sarrazins Hetze gegen Muslime und Erwerbslose und seine Vorschläge für Sozialabbau und Elitebildung sind zwei Seiten einer Medaille. Seine nationalistische Propaganda soll verschleiern, dass die wirkliche Teilung der Gesellschaft zwischen oben und unten, also zwischen den sozialen Klassen verläuft, und soll verhindern, dass sich in der Arbeiterklasse über nationale, religiöse und über Schichtungsgrenzen hinweg ein kollektives Klassenbewusstsein entwickelt. Er will die Masse der lohnabhängigen Bevölkerung und der Jugend spalten, um zu verhindern, dass diese sich gemeinsam gegen Sozialkürzungen, Niedriglöhne, schlechte Arbeitsbedingungen etc. zur Wehr setzt.

Paradoxerweise findet er bei einem Teil von Lohnabhängigen und Erwerbslosen mit seiner Sündenbockpropaganda gegen Muslime gerade deshalb ein Ohr, weil die von ihm mit betriebene unsoziale Politik und die Krise des kapitalistischen Systems enorme Zukunftsängste auslösen. Das bedeutet aber, dass ein Programm gegen Sarrazins Thesen, wie generell ein Programm gegen Rassismus, Antworten auf diese sozialen Probleme und Ängste der einfachen Leute geben muss. Ein Antirassismus, der sich auf humanistische Wertevorstellungen der Gleichheit aller Menschen beschränkt und auf einer moralischen Ebene verharrt, wird in Zeiten verschärfter sozialer Krisen und Auseinandersetzungen nicht auf Dauer erfolgreich sein. *„Erst kommt das Fressen, dann die Moral"* heißt es in Bertolt Brechts „Dreigroschenoper" zutreffend. Nötig ist ein Programm für die Lösung der sozialen Missstände und eine Strategie zur Durchsetzung eines solchen Programms.

Gemeinsam kämpfen!

Der Kampf für bessere Lebensbedingungen für die Arbeiterklasse und der Kampf gegen Rassismus gehören zusammen. Tatsächlich ist ersterer die Voraussetzung für letzteren. Denn wenn Deutsche und Nichtdeutsche mit und ohne Migrationshintergrund gemeinsam für günstigen Mietraum, menschenwürdige Löhne und Sozialleistungen, gegen Betriebsschließungen und Bildungsabbau kämpfen, stellen sie fest, dass sie als Angehörige der Arbeiterklasse gemeinsame Interessen haben, egal ob sie Gott oder Allah anbeten, blond oder schwarzhaarig sind. Die Erfahrung, dass in sozialen Kämpfen Nationalismus, Rassismus, generell das Trennende unter den Menschen zurück gedrängt wird und die Gemeinsamkeiten erkannt werden, hat jeder gemacht, der schon einmal an einem Streik teilgenommen hat. Sind solche Kämpfe erfolgreich, wird außerdem den Rassisten die Grundlage für ihre Sündenbockpropaganda entzogen. Klassenkampf von unten – die notwendige Antwort auf den seit Jahren verschärft von oben geführten Klassenkampf – ist das beste Mittel antirassistischer Politik.

Aber wofür kämpfen? Weltweit wälzen die Regierungen die Kosten und Folgen der Weltwirtschaftskrise auf die Masse der Bevölkerung ab. In Ländern wie Griechenland und Irland hat die Krise der Staatsfinanzen zu gigantischen Kürzungspaketen geführt, die den Lebensstandard vieler Beschäftigter und Erwerbsloser um 15 Prozent und mehr senken. Direkte Lohnkürzungen bei Beschäftigten des öffentlichen Dienstes, starke Erhöhungen der Mehrwertsteuer, Stellenabbau, Aussetzung der Verbindlichkeit von Tarifverträgen - solche Maßnahmen sind die Antwort der Kapitalisten und ihrer Repräsentanten in den Regierungen auf die von ihnen und ihrem System verschuldete Krise.
Die deutsche Wirtschaft ist im Jahr 2009 von der Krise schwer getroffen worden und vermeldete den stärksten Rückgang in der Geschichte der Bundesrepublik. 2010 wurde von Wirtschaftsminister Brüderle der „Aufschwung XL" propagiert. Die Wachstumsdynamik hat aber schon wieder nachgelassen, und die extreme Exportabhängigkeit des Aufschwungs ist ein Hinweis darauf, dass dieser ein schnelles Ende finden wird, wenn die Volkswirtschaften in den USA und China ins Straucheln geraten oder die Staatsschuldenkrise in einem der betroffenen Euro-Länder zur Zahlungsunfähigkeit führen sollte und gegebenenfalls die europäische Gemeinschaftswährung scheitert. Aber trotz Wirtschaftswachstum wird auch in Deutschland weiter von unten nach oben umverteilt. Das Sparpaket, die Erhöhung der Krankenkassenbei-

träge für ArbeitnehmerInnen, Kürzungen in Ländern und Kommunen und die Schuldenbremse, die solche Kürzungen in Zukunft noch stärker nach sich ziehen wird, sprechen eine eindeutige Sprache: die Bänker und Konzernbosse können weiter Boni und Profite einstreichen, während die Millionen Erwerbslosen und Beschäftigten zur Kasse gebeten werden.

Wir zahlen nicht für eure Krise!

Ausgangspunkt für ein Programm, für das es sich zu kämpfen lohnt, muss sein: Wir zahlen nicht für Eure Krise! Und zwar nicht einen einzigen Cent! Im Gegenteil: Angesichts der wieder steigenden Profite, aber vor allem des gigantischen in wenigen Händen konzentrierten privaten Geldvermögens (das in der Krise nur unwesentlich gesunken ist), muss weiterhin eine Umverteilung von oben nach unten gefordert werden, die zum Ausbau des Sozial-, Bildungs- und Gesundheitswesens und für sinnvolle öffentliche Investitionen zur Schaffung von Arbeitsplätzen genutzt werden kann.

Dazu muss gefordert werden, dass die Reichen und Superreichen, die Banken und Konzerne zur Kasse gebeten werden, damit die von den Millionen abhängig Beschäftigten geschaffenen Werte auch den Millionen und nicht nur den Millionären und Milliardären zugute kommen. Eine Verstaatlichung unter demokratischer Kontrolle und Verwaltung der arbeitenden Bevölkerung des gesamten Bankwesens muss gefordert werden, um die waghalsigen Spekulationsgeschäfte der Banken, die ganze Volkswirtschaften in den Ruin treiben, zu stoppen und um die Aufgaben der Banken auf das zurück führen, wozu sie da sein sollten: Geld für sinnvolle Investitionen in die Wirtschaft zur Verfügung zu stellen.
Die Einführung einer wirklichen Reichensteuer, eine Erhöhung der Erbschaftssteuer und die Einführung einer einfachen, stark progressiven Steuer auf Profite sind dazu die nötigen Schritte. Auf diesem Weg können Mittel mobilisiert werden, die zur Verbesserung der Lebensbedingungen der Masse der Bevölkerung eingesetzt werden können.
Eine Arbeitszeitverkürzung bei vollem Lohn- und Personalausgleich in einem ersten großen Schritt auf dreißig Stunden in der

Woche wäre eine weitere Maßnahme, um neue Arbeitsplätze zu schaffen und zu erreichen, dass die vorhandene gesellschaftlich sinnvolle Arbeit auf alle Arbeitsfähigen verteilt wird.

Es könnten Arbeitsplätze geschaffen werden, die Millionen Erwerbslosen eine Verbesserung ihrer Situation bringen würden. Diese könnten zu Tariflöhnen im öffentlichen Dienst geschaffen werden. Außerdem dürfen öffentliche Aufträge nur noch an solche Firmen gehen, die Tarifbestimmungen einhalten. Das wäre zusammen mit der Einführung eines gesetzlichen Mindestlohns von zehn Euro (als einen ersten Schritt hin zu zwölf Euro) eine wichtige Maßnahme, um die Lohnspirale nach unten zu stoppen und umzukehren. Durch eine Abschaffung von Hartz IV und die Einführung einer repressionsfreien sozialen Grundsicherung von 750 Euro plus Warmmiete würde verhindert, dass erwerbslose Menschen in Armut und Verzweiflung landen. Das würde nicht, wie Sarrazin behauptet, die Motivation zur Arbeitsaufnahme mindern, sondern Teilhabe am gesellschaftlichen Leben ermöglichen und sozialen Verfall von Teilen der Bevölkerung helfen zu verhindern.

Die Abschaffung des dreigliedrigen Schulsystems, die Einstellung von mehr LehrerInnen und SozialarbeiterInnen in den Schulen, die Garantie auf einen Ausbildungs- oder Studienplatz (ersteres durch eine Ausbildungsplatzabgabe für Unternehmen, die keine Auszubildenden einstellen, die dann zur Schaffung von Ausbildungsplätzen im öffentlichen Dienst genutzt würde) und eine Demokratisierung der Schulen, die den SchülerInnen und LehrerInnen mehr Entscheidungsgewalt über Lehrinhalte und -methoden gibt, würde die Situation in den Schulen verbessern und Verhältnisse, wie sie an der Neuköllner Rütli-Schule vor einigen Jahren bestanden, zu verhindern helfen.

Das wären soziale und wirtschaftliche Voraussetzungen dafür, rassistische Spaltungen zurück zu drängen, aber auch den Rückzug von MigrantInnen in ihre Communities und die Flucht von Teilen der muslimischen Bevölkerung in ihre Religion oder sogar den rechten politischen Islam zu bremsen. Dies wird insbesondere dann erfolgreich sein können, wenn die rechtliche und politische Diskriminierung von MigrantInnen beendet wird. Die volle rechtliche Gleichstellung aller Menschen, die in Deutschland ihren Lebensmittelpunkt haben, ist nötig – also die Abschaffung aller Sondergesetze für MigrantInnen. Das beinhaltet ein unbefristetes Bleiberecht für alle hier lebenden MigrantInnen, die Abschaffung von Arbeitsverboten und Residenzpflicht, und ein volles Wahlrecht auf allen Ebenen. Diese Gleichbehandlung ist nicht nur im Interesse der MigrantInnen und von einem Standpunkt uneingeschränkter Menschenrechte her zu vertreten – sondern Ungleichbehandlung bedeutet auch Spaltung und erschwert den gemeinsamen Kampf für Verbesserungen. MigrantInnen, die rechtlos sind, werden immer leichter in Billigjobs hineingepresst werden können und so als Lohndrücker missbraucht. Gleiche Rechte für alle sind im Interesse aller Lohnabhängigen.

Wie erfolgreich sein?

Manchen LeserInnen werden diese Vorschläge wie eine Wunschliste vorkommen. Tatsächlich sind sie dringende Notwendigkeit, um einen weiteren sozialen Verfall der Gesellschaft zu verhindern und die sich zweifellos entwickelnden Spannungen zwischen Teilen der deutschen und der migrantischen Bevölkerung zu lösen. Aber wie können sie durchgesetzt werden?
Sicherlich nicht, indem wir darauf hoffen, dass die PolitikerInnen der etablierten Parteien zur Einsicht gelangen. Diese sind durch tausend Stränge mit dem kapitalistischen System verbunden und letztlich den Profitinteressen der Banken und Konzerne verpflichtet. Soziale Verschlechterungen können nur abgewehrt und Verbesserungen nur erkämpft werden, wenn es zu massenhaftem Widerstand von hunderttausenden und Millionen Lohnabhängigen, Erwerbslosen und Jugendlichen kommt. Zur Abwehr von Kürzungsprogrammen, Privatisierungen und Arbeitsplatzvernichtung und um die oben beschriebenen Forderungen zu erreichen, sind Massendemonstrationen, Streiks, ziviler Ungehorsam nötig. Wir brauchen eine Arbeiterbewegung, die es sich zum Ziel setzt, Millionen zu mobilisieren und zu organisieren.

„Wer kämpft, kann verlieren, wer nicht kämpft, hat schon verloren" lautet ein weiterer berühmter Vers von Bertolt Brecht. In vielen Ländern Europas haben im Jahr 2010 Millionen von ArbeiterInnen und Ju-

gendlichen begonnen zu kämpfen. General- und Massenstreiks in Griechenland, Italien, Spanien, Portugal, Frankreich, Rumänien und anderen Ländern haben gezeigt, dass gemeinsamer und massenhafter Widerstand möglich ist. In Deutschland gab und gibt es die Massenproteste gegen Kernenergie und Stuttgart 21.

Gewerkschaften und DIE LINKE

Doch um erfolgreich zu kämpfen, bedarf es Organisation und politischer Alternativen. Es ist nötig, kämpferische Gewerkschaften und eine Partei, die Arbeiterinteressen vertritt, aufzubauen. Es gibt die DGB-Gewerkschaften und die Partei DIE LINKE. Diese Organisationen tragen leider einen Doppelcharakter und müssen verändert werden, um effektiv und erfolgreich als Kampfinstrumente für die abhängig Beschäftigten eingesetzt werden zu können.

Die Gewerkschaften sind mit über sechs Millionen Mitgliedern die potenziell stärkste Kraft im Land. Ihre Führungen haben aber weitestgehend Frieden mit dem Kapitalismus geschlossen. Überbezahlte Bürokraten bestimmen oftmals die Gewerkschaftspolitik und haben den Kontakt zur Basis verloren. In den letzten Jahren haben sie einer Verzichtslogik nachgegeben (unter anderem die Idee, Lohnverzicht rette Arbeitsplätze), die sich als falsch herausgestellt und viele KollegInnen von den Gewerkschaften entfremdet hat. Aber Gewerkschaften sind unverzichtbare Organisationen zur Verteidigung der unmittelbaren wirtschaftlichen Interessen von Lohnabhängigen. Sie müssen aber von ihren Mitgliedern instand gesetzt werden und brauchen demokratische Strukturen und ein kämpferisches Programm, dass sich nicht an Unternehmensgewinnen oder ausgeglichenen Staatshaushalten orientiert, sondern sich zum Ziel setzt, durch Kämpfe zu erreichen, dass der vorhandene gesellschaftliche Reichtum auch im Interesse der gesamten Gesellschaft eingesetzt wird.

Ähnliches gilt für DIE LINKE, die den einzigen Ansatz für eine starke Arbeiterpartei darstellt. Eine solche Partei ist dringend nötig, um die Klasseninteressen der Lohnabhängigen zu vertreten und ein Forum für AktivistInnen zur Debatte über eine antikapitalistische Strategie zu schaffen. DIE LINKE propagiert viele wichtige Forderungen gegen Hartz IV, für Mindestlöhne, gegen den Krieg in Afghanistan. Sie unterstützt immer wieder soziale Bewegungen und hilft bei Mobilisierungen gegen Nazi-Aufmärsche, wie zum Beispiel alljährlich im Februar in Dresden. Viele Mitglieder wollen mit der LINKEN eine antikapitalistische und sozialistische Partei aufbauen, die eine Perspektive zur Abschaffung des Kapitalismus entwickeln kann. Aber sie vereint verschiedene Kräfte, darunter auch Kräfte, die bereit sind, sich in Regierungskoalitionen mit SPD und Grünen an Sozialkürzungen und Stellenabbau im öffentlichen Dienst zu beteiligen, wie das in Mecklenburg-Vorpommern, Berlin und Brandenburg der Fall war beziehungsweise ist. Durch eine solche Politik verliert die Partei Glaubwürdigkeit und verzichtet darauf, ihre ganze Kraft in den Aufbau sozialer Gegenbewegungen und massenhaften Widerstands zu stecken. Das ist aber nötig, weil es der einzige Weg ist, gegen die enorme Macht der Kapitalistenklasse und ihrer Parteien und Verbände etwas durchzusetzen.

Gemeinsame Kämpfe, starke Gewerkschaften und eine Arbeiterpartei sind nötige Mittel, um die Gesellschaft im Interesse der Mehrheit zu verändern. Sie sind aber auch wichtig, um hier und heute ausländerfeindliche Vorurteile abzubauen und Spaltungen zu überwinden. Arbeiterorganisationen können Schulen der Solidarität, der Überwindung von Vorurteilen, des Kennenlernens sein. Eine bewusste Politik zur Förderung des Austauschs zwischen Deutschen und MigrantInnen, öffentliche Solidaritätsaktionen gegen Diskriminierung (wie die gewerkschaftliche Kampagne „Mach meinen Kumpel nicht an", die ein guter Ansatz ist) und auch gemeinsame Kulturprojekte können eine wichtige Rolle spielen.

Sozialismus

Aber solange der Kapitalismus die Welt in Krisen reißt und Konzern- und Bankenprofite über alles andere stellt, wird es Erwerbslosigkeit, Armut, Diskriminierung, Spaltung und damit auch gesellschaftliche Ursachen für Rassismus geben.

Die Reichen und Mächtigen werden den oben skizzierten Forderungen niemals zustimmen. Wenn Massenstreiks und große Bewegungen sie zu Zugeständnissen zwingen, werden sie bei der nächsten Gelegenheit versuchen, diese wieder rückgängig zu machen. Wenn sie sich dazu gezwungen sehen, werden sie – wie im Stuttgarter Schlosspark beim brutalen Polizeieinsatz gegen Stuttgart 21-GegnerInnen am 30. September 2010 – die Staatsgewalt einsetzen, um ihre Politik mit Wasserwerfern, Schlagstöcken und Pfefferspray durchzusetzen. Sie werden demokratische Rechte einschränken, um ihre Macht zu verteidigen. Sehen sie diese ernsthaft bedroht, werden sie auch bereit sein, Notstandsgesetze auszurufen – wie die spanische Regierung dies im Dezember 2010 gegen streikende Flughafenbeschäftigte tat – und autoritäre Regierungen an die Macht bringen, wie 1973 den General Pinochet in Chile.

Wenn eine Regierung die Banken und Konzerne mit angemessen hohen Steuerzahlungen belasten würde, könnten diese mit Investitionsboykott, Betriebsverlagerungen, Massenentlassungen drohen, um eine solche Regierung zu erpressen. Das geschah zum Beispiel in Frankreich, als dort 1981 eine linke Regierung ins Amt kam, die ein weitgehendes Reformprogramm versprochen hatte. Ähnliches konnte man beobachten, als SPD und Grüne 2008 in Hessen eine von der Partei DIE LINKE tolerierte Minderheitsregierung bilden wollten. Damals wurde von der Kapitalseite so viel Druck ausgeübt, dass einige SPD-Abgeordnete umkippten und sich einer solchen Regierungsbildung verweigerten.

All das weist darauf hin, dass die Machtverhältnisse grundlegend verändert werden müssen, wenn Profitgier, Krisen, Armut, Sozialkürzungen, Arbeitsplatzvernichtung, Elitebildung, Privatisierungen überwunden werden sollen. Geld ist Macht. Die Macht der Kapitalistenklasse erwächst in erster Linie aus ihrem Privateigentum an Banken und Konzernen, egal ob in Form von direktem Besitz oder Aktienpaketen. Eine Überführung der Banken und Konzerne in demokratisch kontrolliertes und verwaltetes öffentliches Eigentum ist deshalb eine Voraussetzung für eine dauerhafte Lösung der sozialen Missstände. Das bedeutet, den Kapitalismus abzuschaffen und durch eine sozialistische Demokratie zu ersetzen. Eine solche hätte nichts gemein mit den stalinistischen Ein-

Parteien-Diktaturen der Sowjetunion oder der DDR. Wie Heinrich Böll einmal sagte, saßen die größten Antikommunisten in den Regierungen von Moskau und Ostberlin.[171]

Sozialistische Demokratie bedeutet Demokratie auf allen Ebenen der Gesellschaft – von der Wirtschaft bis in die Wohngebiete. Organisiert durch demokratisch gewählte Räte, die sich auf kommunaler, regionaler und nationaler Ebene vernetzen und Regierungen bilden. Solche Räte müssten sicher stellen, dass alle FunktionsträgerInnen rechenschaftspflichtig und jederzeit abwählbar sind und aus ihren Positionen keine Privilegien erhalten. 2011 jährt sich die Pariser Kommune, der erste für einige Wochen erfolgreiche Arbeiteraufstand der Menschheitsgeschichte, zum 140. Mal. Die Kommune erließ ein Dekret, demzufolge alle Beamten nur einen durchschnittlichen Arbeiterlohn erhalten durften. Volksvertreter sollten nicht besser leben als das Volk. Denn dann konnten sie auch keine materiellen Eigeninteressen entwickeln, die sie vom Volk abheben lassen würden. Eine gute Idee!

Sarrazin lassen solche Vorstellungen sicher erschaudern, denn sie widersprechen seinem ganzen Menschen- und Geschichtsbild und seinen materiellen Interessen als Vertreter des Bürgertums. Soziale Gleichheit widerspricht in seinem Denken der genetisch vorgegebenen intellektuellen Ungleichheit. Er behauptet: *„Zu allen Zeiten waren Gesellschaften geschichtet."*[172]
Und meint damit die Existenz von Klassen. Auch hier beweist er seine Unwissenheit. Denn in der Frühgeschichte der Menschheit gab es nach Erkenntnissen der Archäologie und Geschichtswissenschaften Gesellschaftsformen, die keine Klassendifferenzierung kannten und in der es nicht nur soziale Gleichheit gab, sondern auch daraus sich ergebende harmonische Lebensverhältnisse. Das wird heute nicht mehr ernsthaft bestritten.

Die Ausgrabungen der neusteinzeitlichen Stadt Catal Hüyük in Ostanatolien lassen darauf schließen, dass dort über tausend Jahre eine Gesellschaft existierte, die keine sozialen Klassen oder Schichtungen kannte. Die Architektur der Stadt lässt darauf schließen, dass es keine solche Unterschiede gab, denn es wurden keine palastartigen Gebäude gefunden. Menschen lebten in gleichen Wohnverhältnissen. Die Skelettfunde zeigen, dass die Arbeit zwischen allen Menschen, auch den Geschlechtern, aufgeteilt war. Es gibt keine Hinweise auf eine gesellschaftlich unterschiedliche Stellung von Mann und Frau. Der Knochenbau männlicher und weiblicher Skelette lässt auf ähnliche Tätigkeiten schließen, die Grabbeigaben unterschieden sich nicht. Frauen erhielten genauso Werkzeug wie Männer und diese ebenso Schmuckbeigaben wie die Frauen. Es wurde bisher nicht ein Skelett gefunden, an dem Merkmale äußerer Gewaltanwendung erkennbar waren, ebenso keine Hinweise auf Kriege. Wissenschaftliche Erkenntnisse lassen darauf schließen, dass – trotz der weniger entwickelten Produktivkräfte – die Lebensqualität in Catal Hüyük höher war als in späteren Klassengesellschaften. Die durchschnittliche Lebenserwartung wird auf 32 Jahre geschätzt, was erst 1750 wieder erreicht wurde.[173]

Was sagt uns dieses Beispiel? Nicht nur, dass soziale Gleichheit möglich ist, sondern auch, dass in einer klassenlosen Gesellschaft der Mensch und das Leben selbst im Mittelpunkt stehen. Der britische Archäologe James Mellaart, der 1958 die ersten steinzeitlichen Siedlungsschichten in Anatolien entdeckte, sagte dazu:

„Man kommt nicht um die Schlussfolgerung herum, dass die Menschen von Catal Hüyük die Dinge anders sahen als wir. Sie konzentrierten sich auf ... die Kontinuität des Lebens ... und die Art und Weise, dieses zu sichern. Es hat den Anschein, als hätten sie die Bedeutung ... der Tatsache, dass das Leben weiter gehen muss, verstanden; eine fundamentale Wahrheit, die wir aus den Augen zu verlieren drohen."[174]

Sarrazins ganzes Menschenbild ist falsch. Soziale Gleichheit führt zu weniger gesellschaftlichen Konflikten und Auseinandersetzungen. Und sie fördert Gesundheit, Lebensstandard und Kreativität. Zu diesem Ergebnis kamen auch die AutorInnen Richard Wilkinson und Kate Picket, die verschiedene Gesellschaften entsprechend des Ausmaßes sozialer Ungleichheit verglichen haben. Sie fanden heraus, dass soziale und gesundheitliche Probleme in den ungleichen Gesellschaften größer sind.

„In ungleichen Gesellschaften gibt es tendenziell mehr Fettleibige und psychisch Kranke. Da sterben bei der Geburt mehr Säuglinge. Es gibt mehr Schulabbrecher. Und das Vertrauen in andere Menschen ist Umfragen zufolge schwach. In den USA finden nur 35 Prozent, dass man anderen Menschen in der Regel trauen kann; in Norwegen oder Schweden sagen das zwei Drittel der Leute. (...) Unter den Industrieländern haben die USA das absolut höchste Einkommengefälle – und in der Summe die schlimmsten sozialen und gesundheitlichen Probleme."[175]

Aber nicht nur das – sogar die Reichen sterben in den ungleicheren Staaten früher und erkranken häufiger. Auch die Innovativität scheint in Staaten mit geringerer Ungleichheit ausgeprägter – so werden in den nordeuropäischen Ländern pro Kopf mehr Patente angemeldet als in den USA.[176]

Thilo Sarrazin macht sich Sorgen um Deutschland – und meint doch nur die oberen Klassen in Deutschland. Ihm ist Deutschland und „deutsch sein" wichtiger als das durch die Klimaerwärmung bedrohte Schicksal der Menschheit. Es gibt viele Gründe, sich Sorgen zu machen. Millionen Menschen in Deutschland machen sich Sorgen, Milliarden auf der ganzen Welt. Aber sie machen sich keine Sorgen darüber, dass sich Deutschland abschafft, sondern dass das bestehende Wirtschaftssystem ihre Zukunft und ihr Leben abschafft. In Deutschland machen sie sich Sorgen um den Erhalt sozialer Sicherungssysteme, die Vergiftung der Lebensmittel, die Gefahr der Arbeitslosigkeit und das Abrutschen in Armut. Weltweit machen sich die Menschen Sorgen, ob sie morgen noch ein Dach über dem Kopf und genug zu essen haben werden, leben in Angst vor profitgetriebenen Kriegen und Umweltkatastrophen, die immer katastrophalere Auswirkungen haben, weil es keine ausreichenden Frühwarnsysteme gibt, nicht erdbebengerechte Häuser gebaut werden und Überflutungen nicht ausreichend bekämpft werden.

Es muss tatsächlich endlich wieder offen und deutlich gesagt werden, was in den bürgerlichen Medien und von etablierten Politikern verschwiegen wird: Der Kapitalismus ist zerstörerisch und bedroht die Menschheit. Dieses System ist strukturell unfähig, Ungleichheit zu vermeiden. Es ist nicht zu einer sozialen, friedlichen und ökologisch nachhaltigen Gesellschaft reformierbar. Es muss abgeschafft und durch ein anderes, demokratisches System ersetzt werden. Ein System, in dem *„die freie Entwicklung eines jeden die Bedingung für die freie Entwicklung aller ist."*[77]

Verwendete Literatur

- AG gegen Rassismus in den Lebenswissenschaften (Hrsg.) - Gemachte Differenz, Münster, 2009
- Amm, Aron - Befreiungsbewegungen und islamischer Fundamentalismus, Berlin, 2001
- Bauer, Joachim - Das kooperative Gen, Hamburg, 2008
- Bühl, Achim - Islamfeindlichkeit in Deutschland, Hamburg, 2010
- Darmstädter Initiative gegen Rassismus - Für eine antirassistische Bewegung in der Bundesrepublik, Darmstadt, 1989
- Deutschlandstiftung Integration (Hrsg.) - Sarrazin. Eine deutsche Debatte, München, 2010
- DIE LINKE - Linke Argumente gegen rechte Hetze, Berlin, 2010
- El Masrar, Sineb - Muslim Girls, Frankfurt/Main, 2010
- Foroutan, Naika (Hrsg.) - Sarrazins Thesen auf dem Prüfstand, Berlin, 2010
- Geiss, Imanuel - Geschichte des Rassismus,Frankfurt/Main, 1988
- Grant, Ted und Woods, Alan - Aufstand der Vernunft, Wien, 2002
- Grundgesetz für die Bundesrepublik Deutschland, Bonn, 1986
- Hadden, Peter - Troubled Times, Belfast, 1995
- Huisken, Freerk - Über die Unregierbarkeit des Schulvolks, Hamburg, 2007
- Krüger, Heinz-Hermann und Schmode, Udo - Fremd im eigenen Land, Hamburg, 2008
- Kühnl, Reinhard - Gefahr von rechts?, Heilbronn 1991
- Labour Party Young Socialists - The Battle against Racialism and Fascism, London, 1978
- Lenin, W.I. - Sozialismus und Religion, in Werke Band 10, Berlin, 1975
- Léon, Abraham - Die jüdische Frage, Essen, 1995
- Ludwig, Claus, Stanicic, Sascha u.a. - Iran. Freiheit durch Sozialismus, Berlin, 2010
- Ludwig, Claus, Klein, Wolfram und Stanicic, Sascha - Ursprünge des Rassismus, Berlin, 2000
- Mandel, Ernest - Trotzki als Alternative, Berlin, 1992
- Marx, Karl, Engels Friedrich - Werke, Band 23, Das Kapital, Band 1, Berlin, 1974
- Marx, Karl - Zur Kritik der Hegelschen Rechtsphilosophie, in MEW Band 1, Berlin, 1974

- Marx, Karl und Engels, Friedrich - Manifest der kommunistischen Partei, Berlin, 1980
- Mason, Peter - science, marxism and the big bang, London, 2007
- North, David - Antisemitismus, Faschismus und Holocaust, Essen, 1997
- SAV - Stoppt Nazis und Rassisten, Berlin, 2005
- SAV - Kostenlose Bildung für Alle, Berlin, 2008
- Sarrazin, Thilo - Deutschland schafft sich ab, München, 2010
- Stanicic, Sascha - Lafontaine, die WASG und die "Fremdarbeiter"-Rede, Berlin, 2005
- Stanicic, Sascha - Welcher Weg zum Sozialismus, Berlin, 2001
- Toprak, Ahmet - Integrationsunwillige Muslime?, Freiburg im Breisgau, 2010
- Trotzki, Leo - Wie wird der Nationalsozialismus geschlagen?, Frankfurt am Main, 1971
- WASG Berlin - Bilanz einer Schieflage, Berlin, 2006
- Woydt, Johann - Ausländische Arbeitskräfte in Deutschland, Heilbronn, 1987

Periodika und Webseiten

- Aachener Nachrichten
- www.bild.de
- DER SPIEGEL
- www.die-linke.de
- Financial Times Deutschland
- Frankfurter Allgemeine Sonntagszeitung
- Frankfurter Rundschau
- junge Welt
- Lunapark21
- Marx21
- www.marxist.com
- Militant International Review
- Neues Deutschland
- Socialism Today
- Solidarität - Sozialistische Zeitung
- www.sozialismus.info
- SPIEGEL ONLINE
- Stern
- VORAN
- www.wikipedia.de
- www.wsws.org

Quellen

1   http://sz-magazin.sueddeutsche.de/texte/anzeigen/33007/

2   Thilo Sarrazin, Deutschland schafft sich ab, S. 63, München, 2010

3   Ebd. S. 65

4   Ebd. S. 79

5   Ebd. S. 279/280

6   Ebd., S. 323

7   Ebd. S. 392, meine Hervorhebung

8   www.nordbayerischer-kurier.de/nachrichten/1293624/details_8.htm

9   Christine Richter: Ein Sarrazin mit 46 Nebenjobs, in: Berliner Zeitung, 9. Juni 2008

10   www.morgenpost.de/printarchiv/berlin/article1433987/Finanzsenator-will-Aufsichtsraete-besser-bezahlen.html

11   www.jungewelt.de/2010/09-23/041.php

12   www.monty.de/?p=306

13   Ferdinand Lassalle, Das System der erworbenen Rechte

14   Ulla Jelpke „Rassist in Nadelstreifen" in junge Welt vom 11.09.2010

15   www.bild.de/BILD/politik/2009/10/06/sarrazin-aussagen-im-check/tuerken-greifen-ihn-an.html

16   http://de.wikipedia.org/wiki/Pressefreiheit

17   www.faz.net/s/RubF013678339304BC99FB39AFEECB41D2C/Doc~ECC46C81351DA40E7B3219E328A122494~ATpl~Ecommon~Scontent.html

18   http://diepresse.com/home/politik/aussenpolitik/592589/Guttenberg_Sarrazin-stiess-die-richtige-Debatte-an

19   www.taz.de/1/politik/deutschland/artikel/1/seehofer-macht-den-sarrazin/

20   www.taz.de/1/zukunft/wissen/artikel/1/sarrazins-vordenker/

21   www.focus.de/politik/deutschland/umfrage-mehrheit-der-deutschen-gibt-sarrazin-recht_aid_443786.html

22   Neu-Köllnisch Ausgabe 7/2010, Zeitung der Partei DIE LINKE, Kreisverband Berlin-Neukölln

23   Presseerklärung von Sahra Wagenknecht vom 1. September 2010, Statement der Parteivorsitzenden der LINKEN vom 2. September 2010, Brief von Katja Kipping an den Präsidenten der Bundesbank vom 1. September 2010, Erklärung von Gesine Lötzsch vom 2. September 2010

24   Thilo Sarrazin, Deutschland schafft sich ab, S. 259

25   Ebd. TS, S. 308/309, Hervorhebung im Original

26   Ebd., S. 323/324

27   Ebd., S. 267

28   Johann Woydt, Ausländische Arbeitskräfte in Deutschland,S.138, Heilbronn, 1987

29   Ebd., S. 142

30   zitiert in Sascha Stanicic, Was ist Rassismus, in Marxistische Zeitung Voran, Nr.136, Dezember 1991

31 zitiert in: Johann Woydt, Ausländische Arbeitskräfte in Deutschland, S. 146

32 www.welt.de/politik/deutschland/article5984029/Bevoelkerung-mit-Migrationshintergrund-waechst.html

33 Ahmet Toprak, Integrationsunwillige Muslime?, S.9, Freiburg im Breisgau, 2010

34 Linke Argumente gegen rechte Hetze, Broschüre des Parteivorstands der Partei DIE LINKE, Berlin, September 2010

35 Sineb El Masrar, Muslim Girls, S. 99/100 und 107

36 Linke Argumente gegen rechte Hetze, S.11

37 Handelsblatt 6.9.2010

38 Thilo Sarrazin, Deutschland schafft sich ab, S 284 und 286

39 Naika Forouran (Hrsg.), Sarrazins Thesen auf dem Prüfstand, Berlin, 2010

40 Ebd., S. 26

41 Ebd.

42 Sineb El Masrar, Muslim Girls, S. 72

43 ZEIT; 26.8.2010, zitiert nach Linke Argumente gegen rechte Hetze

44 zitiert in: Linke Argumente gegen rechte Hetze

45 junge Welt vom 26.11.2010

46 Ahmet Toprak, Integrationsunwillige Muslime?, S. 165

47 Thilo Sarrazin, Deutschland schafft sich ab, S. 309

48 Financial Times Deutschland vom 21.9.2010

49 Linke Argumente gegen rechte Hetze, S. 9

50 Ahmet Toprak, Integrationsunwillige Muslime?, S.164

51 Hürriyet vom 28.8.2010 in Sarrazin. Eine deutsche Debatte

52 Peter Hadden, Troubled Times, S.144/45, Belfast, 1995, eigene Übersetzung

53 HÜRRIYET, 28.28.8.2010

54 Sineb El Masrar, Muslim Girls, S. 161

55 www.taz.de vom 23.9.2010

56 www.spiegel.de/politik/deutschland/0,1518,718855,00.html

57 Berliner Zeitung vom 16.10.2010

58 Thilo Sarrazin, Deutschland schafft sich ab, S. 297

59 Ulrike Herrmann/Alke Wirth, Die Gene sind schuld, in taz vom 30.8.2010

60 in Die Lügen des Thilo Sarrazin, Teil 2, wsws.org vom 24.9.2010

61 Lettre International, September 2009, S.199 nach Achim Bühl, Islamfeindlichkeit in Deutschland

62 www.sozialismus.info/?sid=3922

63 Linke Argumente gegen rechte Hetze, S. 12

64 http://de.wikipedia.org/wiki/Eugenik#Francis_Galton

65 Thilo Sarrazin, Deutschland schafft sich ab, S. 378

66 Ebd., S. 390

67 Ebd., S. 386

68 Achim Bühl, Islamfeindlichekeit in Deutschland, S. 139

69 http://de.wikipedia.org/wiki/Eugenik#USA_2

70 Thilo Sarrazin, Deutschland schafft sich ab, S.18

71 http://de.wikipedia.org/wiki/Sarazenen

72 Thilo Sarrazin, Deutschland schafft sich ab, S. 391

73 Thilo Sarrazin, Deutschland schafft sich ab, S. 262 und 264

74 Ebd. S. 266

75 FAZ, 30.8.2010

76 Ulrike Herrmann und Alke Wierth, „Die Gene sind schuld" in taz vom 30.08.2010

77 Sineb El Masrar, Muslim Girls, Seite 16/17, Frankfurt am Main, 2010, Hervorhebungen im Original

78 Als Beispiel: www.bild.de/BILD/news/2010/12/13/berlin-krieg-der-jugendgangs-schneeball/nach-messerstecherei-in-u-bahn.html

79 Hürriyet, 28.8.2010 in Sarrazin. Eine Deutsche Debatte, München, 2010

80 www.youtube.com/watch?v=8-wBZeeBDqI

81 taz 20.11.2010

82 www.youtube.com/watch?v=ADK1WMxfH5U

83 Achim Bühl, Islamfeindlichkeit in Deutschland Seite 98 ff, Hamburg, 2010

84 Claus Ludwig, Marxismus und Islam, in Iran - Freiheit durch Sozialismus, S. 110, Berlin, 2010

85 Manny Thain, A Brief History of Islam, in Socialism Today, No. 65, S 30

86 Sineb El Masrar, Muslim Girls, S. 19/20

87 Ebd.S. 20/21

88 Claus Ludwig, Marxismus und Islam, in Iran-Freiheit durch Sozialismus, S. 107

89 Aachener Nachrichten, 23.12.2010

90 Thilo Sarrazin, Deutschland schafft sich ab, S. 314

91 Achim Bühl, Islamfeindlichkeit in Deutschland, S. 164/165.

92 www.socialistparty.org.uk/articles/1969

93 www.die-bibel.de/online-bibeln/luther-bibel-1984/lesen-im-bibeltext//bibel/bibelstelle/1.mose%2024/cache/2d3564e8cd12c9a150e917a777030188/

94 Sineb El Masrar, Muslim Girls, S. 32

95 www.socialistparty.org.uk/articles/1969

96 Achim Bühl, Islamfeindlichkeit in Deutschland, S. 180

97 Ebd., S. 176)

98 www.die-linke-koeln.de/ueber_uns/unsere_ortsverbaende/ehrenfeld

99 Gilles Kepel 'Die Rache Gottes', zitiert in: Aron Amm, Befreiungsbewegungen und islamischer Fundamentalismus, Berlin, 2002

100 www.upi.com/Business_News/Security-Industry/2002/06/18/Analysis-Hamas-history-tied-to-Israel/UPI-82721024445587

101 siehe Sascha Stanicic, Revolution und Konterrevolution 1978-1981 in Iran-Freiheit durch Sozialismus

102 Karl Marx, Zur Kritik der Hegelschen Rechtsphilosophie, MEW Band 1, S. 378ff., Berlin, 1974

103 Lenin, Sozialismus und Religion, in Lenin Werke, Band 10, S. 70-75, Berlin, 1975

104 http://briandeer.com/social/thatcher-society.htm

105 Thilo Sarrazin, Deutschland schafft sich ab, S. 10

106 Ulla Jelpke, Rassist in Nadelstreifen, in junge Welt vom 11.09.2010

107 Tagesspiegel, 13.02.2008

108 Thilo Sarrazin, Deutschland schafft sich ab, S.162

109 www.woz.ch/artikel/2009/nr09/international/17579.html

110 Thilo Sarrazin, Deutschland schafft sich ab, S. 86

111 Ebd., S. 112

112 Karl Marx, Das Kapital S. 669, Berlin, 1975

113 Thilo Sarrazin, Deutschland schafft sich ab, S. 176

114 Thomas Öchsner, „Hartz IV ist selten ein Ruhekissen", in SZ vom 27.8.2010

115 Kostenlose Bildung für Alle, Broschüre der SAV vom Oktober 2008

116 www.jjahnke.net/index_files/13004.gif

117 Thilo Sarrazin, Deutschland schafft sich ab, S. 55)

118 Ebd., S.198

119 Kostenlose Bildung für Alle

120 Thilo Sarrazin, Deutschland schafft sich ab, S. 201

121 Freerk Huisken, Über die Unregierbarkeit des Schulvolks, Seiten 21/22, Hamburg, 2007

122 Ebd. S SEITE 32

123 Ebd. S. 64

124 Ebd. S.55

125 Ebd. S. 245, Hervorhebung von mir

126 Ebd. Seite 353

127 Andrian Kreye und Christian Weber „Gehirn und Erbse" in Süddeutsche Zeitung 2.9.2010

128 Ted Grant/Alan Woods, Aufstand der Vernunft, S. 399, Wien, 2002

129 http://de.wikipedia.org/wiki/Intelligenztest

130 www.sozialismus.info/?sid=3922

131 Jörg Allbrecht/Volker Stollorz, Wir alle sind Schlümpfe, in Frankfurter Allgemeine Sonntagszeitung, 5.9.2010

132 Jörg Blech in SPIEGEL 36/2010

133 Ebd.

134 Frankfurter Allgemeine Sonntagszeitung, 5.9.2010

135 Oliver Völckes, Schlau werden kann jeder in MARX21 Nr.17,

September/Oktober 2010

136 Andrian Kreye/Christian Weber in FAZ vom 2.9.2010

137 Manifest der Kommunistischen Partei, Karl Marx/Friedrich Engels, S.67, Berlin, 1980

138 Alan Woods/Ted Grant, Aufstand der Vernunft, S. 409

139 Jörg Blech in SPIEGEL 36/21010

140 Ebd.

141 Ebd.

142 FAS, 5.9.2010

143 Ebd., S. 350

144 Imanuel Geiss, Geschichte des Rassismus, S. 21, Frankfurt am Main, 1988

145 Ebt. S. 38

146 http://pressetext.de/news/000826008/genetiker-es-gibt-nur-eine-menschenrasse

147 www.marxist.com/human-genome-socialism160201.htm

148 Imanuel Geiss, Geschichte des Rassismus, S. 39

149 Ebd. S. 15

150 Robert S. Wistrich 'Socialism and the Jew' London and Toronto 1982, nach David North Antisemitismus, Faschismus und Holocaust, S.14, Essen, 1997

151 Ebd.

152 Abraham Léon, Die jüdische Frage, S. 170, Essen, 1995

153 Morgengrauen Nr. 8, August 1992

154 Abraham Léon, Die jüdische Frage

155 Leo Trotzki, Porträt des Nationalsozialismus, S. 295, Frankfurt am Main, 1971

156 Darmstädter Initiative gegen Rassismus - Für eine antirassistische Bewegung in der Bundesrepublik, Januar 1989

157 Marxistische Zeitung Voran, Dezember 1991

158 www.jungle-world.com/artikel/2008/27/22121.html

159 SPIEGEL 9/1996

160 Marxistische Zeitung Voran, Dezember 1991

161 Heinz-Hermann Krüger/Udo Schmode, Fremd im eigenen Land?, Hamburg, 2008

162 Karl Marx, Brief an Sigfrid Meyer und August Vogt, MEW Bd 32 S. 668/669, Berlin, 1974

163 zitiert in: Sozialistische Standpunkte Nr. 12 Wolfram Klein, Claus Ludwig, Sascha Stanicic, Ursprünge des Rassismus , Berlin, 2000

164 Financial Times Deutschland, 14.10.2010

165 www.clausludwig.de/index.php/downloads?task=finish&cid=13&catid=1&m=0

166 www.zuerst.de/archives/463

167 HANDELSBLATT 6.9.2010 „Protestwähler: Großer Zuspruch für 'Sarrazin-Partei'"

168 Leo Trotzki, Was nun? Schicksalsfragen des deutschen Proletariats, 1932 in Leo Trotzki Wie wird der Nationalsozialismus geschlagen, Frankfurt am Main, 1971

169 Leo Trotzki Porträt des Nationalsozialismus, 1993 in Leo Trotzki - Wie wird der Nationalsozialismus geschlagen? Frankfurt am Main, 1971

170 zitiert in: Sascha Stanicic Welcher Weg zum Sozialismus?, S. 26, Berlin, 2001

171 www.trend.infopartisan.net/trd0510/t490510.html

172 Thilo Sarrazin, Deutschland schafft sich ab, S. 79

173 Stanicic, Sascha, Der neolithische Kommunismus www.sozialismus.info/?sid=2777 und Bernhard Brosius auf www.urkommunismus.de

174 Stanicic, Sascha Der neolithische Kommunismus www.sozialismus.info/?sid=2777

175 Thomas Fricke, Nieder mit Arm und Reich, in FTD 18.6.2010

176 Ebd.

177 Karl Marx und Friedrich Engels, Manifest der Kommunistischen Partei, Seite 69